ACCESO GRATIS *a la Lectura en la Nube*

Para visualizar el libro electrónico en la nube de lectura envíe junto a su nombre y apellidos una fotografía del código de barras situado en la contraportada del libro y otra del ticket de compra a la dirección:

ebooktirant@tirant.com

En un máximo de 72 horas laborables le enviaremos el código de acceso con sus instrucciones.

La visualización del libro en **NUBE DE LECTURA** excluye los usos bibliotecarios y públicos que puedan poner el archivo electrónico a disposición de una comunidad de lectores. Se permite tan solo un uso individual y privado.

FIRMA, GUARDA Y CONSERVACIÓN DEL TESTAMENTO OLÓGRAFO

Procedimiento de selección de originales, ver página web:
www.tirant.net/index.php/editorial/procedimiento-de-seleccion-de-originales

FIRMA, GUARDA Y CONSERVACIÓN DEL TESTAMENTO OLÓGRAFO

ALMUDENA CARRIÓN VIDAL
Profesora de Derecho Civil en la Universitat de València
Profesora-Tutora de Derecho Civil en UNED Valencia
Doctora en Derecho

tirant lo blanch
Valencia, 2024

EDITA: TIRANT LO BLANCH
C/ Artes Gráficas, 14 - 46010 - Valencia
TELFS.: 96/361 00 48 - 50
FAX: 96/369 41 51
Email: tlb@tirant.com
www.tirant.com
Librería virtual: www.tirant.es
DEPÓSITO LEGAL: V-3219-2024
ISBN: 978-84-1071-251-5

Si tiene alguna queja o sugerencia, envíenos un mail a: *atencioncliente@tirant.com*. En caso de no ser atendida su sugerencia, por favor, lea en *www.tirant.net/index.php/empresa/politicas-de-empresa* nuestro procedimiento de quejas.

Responsabilidad Social Corporativa: *http://www.tirant.net/Docs/RSCTirant.pdf*

A mis padres y a mi marido

Índice

Capítulo III

Capítulo IV

Capítulo V

Prólogo

En el proemio del Título que la Sexta partida dedica al testamento, se destaca la trascendencia de este negocio jurídico *mortis causa* diciendo que : "Testamento es una de las cosas del mundo en que más deben los hombres haber cordura cuando lo hacen; e esto es por dos razones. La una porque en ellos muestran cual es la su postrimera voluntad. E la otra, porque después que los han hecho, si se muriesen, no pueden tornar otra vez a enderezarlos ni a hacerlos nuevamente"[1].

Desde nuestro Derecho histórico al hoy vigente, siempre se ha favorecido de diversas formas la posibilidad de que las personas puedan testar. Así, frente a la mayoría de los derechos cercanos al nuestro que exigen para ello la mayoría de edad, el Código Civil permite que los menores mayores de 14 años puedan testar. Se presume su capacidad natural para otorgarlo y la falta de riesgo patrimonial para el menor, al tratarse de un negocio que solo tendrá eficacia a su fallecimiento. La ley prevé diferentes formas para los testamentos comunes y, prevé una serie de testamentos especiales utilizables cuando se dan determinadas circunstancias, como por ej. el denominado testamento militar o el marítimo.

El derecho de las personas a ordenar el destino de sus bienes y derechos para después de su fallecimiento es una faceta más del libre desarrollo de la personalidad del art. 10 de la Constitución española y está reconocido expresamente en el

---

1 El texto de las Partidas está tomado de la versión de J. Sánchez-Arcilla, Reus, Madrid 2004, p.798.

art. 33,1[2] como una consecuencia del reconocimiento constitucional a la propiedad privada.

Una de las formas comunes de los testamentos es el ológrafo, aunque sus características determinan que pueda decirse que, siendo común, tiene algunos rasgos que parecen no compadecerse con esa categoría. El primero, la exigencia de que el otorgante haya de ser mayor de edad (art.688, primer párrafo CC). El segundo, que aunque el otorgante sea mayor de edad y haya cumplido con todos los requisitos legales para asegurar su validez, transcurridos cinco años desde el fallecimiento del testador ya no será posible su protocolización notarial (art.689 CC), con lo que es un testamento claudicante hasta el momento de su adveración y protocolización sin haber sobrepasado el plazo legal.

Es un testamento que no precisa para su otorgamiento válido de la presencia de ningún fedatario, ni de testigos, que lo otorga el propio testador por sí y ante sí. Las formalidades exigidas para su otorgamiento son las mínimas exigibles para garantizar que se trata de una verdadera disposición de última voluntad, que refleja la voluntad del testador, que es éste quien efectivamente lo ha otorgado y en qué momento concreto lo ha hecho, dato importante para considerar la capacidad natural del testador.

Es este último extremo el que determinó que en el texto original del art. 688 CC, se incluyera como una garantía más para conocer con seguridad el momento del otorgamiento, la exigencia de que el testamento ológrafo se hubiera de extender en papel sellado correspondiente al año de su otorgamiento

---

2 Cierto es que literalmente lo que la constitución reconoce junto al derecho a la propiedad privada es el derecho a la herencia, lo que lleva implícito el derecho del testador a organizar su sucesión como mejor le parezca dentro del respeto a las leyes.

(papel sellado de cualquier categoría)[3]. Dado que la idea del testamento ológrafo era lograr que su otorgamiento fuera muy sencillo, la ley de 21 de julio de 1904 modificó el art. 688 CC eliminando esa exigencia y a partir de ese momento el ológrafo extendido en papel común era válido[4].

Como es sabido, es después de haber acreditado el fallecimiento del testador cuando el ológrafo deberá presentarse ante notario competente para su adveración y posterior protocolización. Para que este tipo de testamento sea eficaz deberá presentarse ante el notario dentro de los cinco años siguientes al fallecimiento del testador.

Pero no era este de la sencillez de su otorgamiento el único objetivo perseguido con el testamento ológrafo, pues también "se pretendía establecer una forma de testar tan secreta, que nadie llegase a saber durante la vida del testador, no ya su última voluntad, sino hasta la existencia del documento en la que aquella se hubiera confirmado"[5].

En la práctica, el testamento ológrafo, lejos de ser una figura inusual, se emplea más de lo que generalmente se piensa. Es una de esas figuras jurídicas, como son la cláusula penal, las arras o las legítimas cuya implantación social en nuestro país, hace que sean conocidas en lo esencial incluso por personas ajenas al mundo del derecho. Ese interés por la figura ha hecho, que además de su tratamiento en obras generales y artículos de revista, haya sido objeto de tratamiento monográfico por

---

3 Vid. MANRESA NAVARRO, J.M., "Comentarios al Código Civil español", T, V, Imprenta de la Revista de legislación, Madrid 1895, p.475.

4 Es curioso que el mismo día en que se promulgó la ley que reformó el art. 688 CC (momento en el que entró en vigor) se había extendido un testamento ológrafo en papel común, a la muerte del testador se planteó un litigio en torno a su validez que fue resuelto en sentido positivo por la STS de18 de mayo de 1907.

5 MANRESA NAVARRO, J.M., ob. cit. p.272.

varios autores. Desde la obra "El testamento ológrafo" de T. Torres García (1977), hasta la recientísima sobre "El testamento ológrafo electrónico" de M. García Mayo de este mismo año.

Es comprensible este interés de los autores que sea así. Las características de este tipo de testamento permiten ordenar la propia sucesión con rapidez y facilidad, e incluso en circunstancias en las que el testador no desea salir de su casa, o se encuentra aislado por cualquier razón[6], o no goza de una libertad absoluta para otorgar un testamento notarial o revocar otro previamente otorgado sin esa plena libertad.

Pongamos un ejemplo extraído de un caso real. Se trataba de una persona anciana viuda con dos hijos, en buenas condiciones cognitivas, aunque con problemas de movilidad. Vivía en su casa con una cuidadora que le había proporcionado el hijo pequeño. El padre mantenía una buena relación con ambos hijos y ellos le visitaban a menudo, tanto conjuntamente como por separado.

En una de esas visitas individuales, el padre muy disgustado le relata a su hijo mayor, que el pequeño le ha llevado al notario días atrás para que testara favoreciéndole y, que ante sus presiones le ha instituido como heredero universal, salvo la legítima estricta para el.

El padre pide al hijo mayor que le perdone el no haber sido capaz de resistir la presión y, a la vez, le cuenta que ha tratado de arreglar el desaguisado y que, para ello, sin que nadie, ni siquiera la cuidadora (quien teme que le espíe para su hijo menor), se haya percatado, ha hecho un testamento ológrafo en el que como era su deseo real de siempre, instituye a ambos hijos

6 No hay más que recordar el confinamiento que sufrimos durante la pandemia, aunque lo cierto es que en todo momento hubo notarias abiertas.

herederos por partes iguales Entrega el documento escrito a lápiz al hijo mayor para que lo custodie hasta el día de su deceso.

Este hijo mayor me pidió que examinara el documento para saber si efectivamente era un testamento ológrafo válido, cosa que pude constatar. No obstante, le advertí que debía tratar de buscar escritos de su padre para que el día de su fallecimiento fuera sencillo y seguro que ese testamento ológrafo pudiera ser adverado y protocolizado. El hijo siguió el consejo con cierta facilidad. Me relató que como al padre le gustaba invertir en bolsa y habitualmente tomaba notas de su puño y letra en relación con las cotizaciones y situaciones de las diversas empresas antes de hacer sus operaciones, notas que luego tiraba a la papelera, le resultó fácil recogerlas de ahí y recopilar un número más que suficientes de muestras de la letra del testador. Obviamente, al fallecimiento del padre el hijo menor no se tomó bien la aparición del ológrafo y, pleiteó sin éxito para defender que era una falsificación y no procedía de la mano de su padre. La voluntad del padre, persona lega en derecho finalmente se cumplió, aunque como lamentablemente sucede en estos casos la relación entre los hijos nunca volvió a ser la misma.

La otra cara de los testamentos ológrafos es el riesgo de que, en supuestos de personas ancianas especialmente vulnerables, exista una cierta captación de voluntad o directamente engaños o presiones para hacer este tipo de testamentos favoreciendo a instituciones o personas que se ocupan de su cuidado cuando ya necesitan de esa ayuda. Precisamente las características del testamento ológrafo hacen más fácil esos comportamientos deleznables de cuya realidad dan fe algunas sentencias que han conseguido desbaratar el objetivo ilícito pretendido. La nueva redacción que la L.O. 8/2021, de 2 de junio, para el apoyo con las personas con discapacidad, ha dado al art.753 CC, ha tratado de obviar ese riesgo exigiendo en ciertos casos que si el causante desea beneficiar en su testamento a sus cuidadores (instituciones o personas físicas), lo haga por medio de un testamento abierto notarial (Vid. M.A. Pérez Álvarez, "La reforma del art. 753 del CC. La sucesión a favor de establecimientos, cuidadores, tutores y cuidadores, 2023).

También es apreciable el número de sentencias recaídas sobre este tipo de testamento tan particular, son cerca de una treintena las sentencias del T.S. y en ellas se ponen de manifiesto las cuestiones más interesantes y dudosas sobre el tema.

La obra objeto de este prólogo no se ocupa del testamento ológrafo en todos sus aspectos. Su objetivo es centrarse en profundidad en algunas cuestiones esenciales en el ológrafo, en diferentes momentos de su *iter*, como medio efectivo de ordenar la propia sucesión. En primer lugar, aborda con especial detenimiento todo lo referente a la firma del testador, que es esencial para la validez del testamento ológrafo. Después se ocupa de otro extremo directamente relacionado con la eficacia de ese tipo de testamento, la guarda y conservación del documento, para que llegado el momento pueda ser presentado al notario competente.

La autora hace un estudio minucioso sobre la firma del testador y que debe entenderse por tal en un testamento ológrafo. Fundamenta sus conclusiones adecuadamente en las funciones que en ese tipo de testamento cubre la firma del testador. No es solo que se trate de identificar la persona del testador, además de como lo hace la grafía del texto[7] o de que

---

7 Los estudios más modernos realizados en torno a la caligrafía nos abren los ojos a una ciencia aún bastante desconocida. En mi ignorancia absoluta de esos temas había pensado tiempo atrás que lo importante para un perito calígrafo era detectar si el texto que le presentaban para su examen se correspondía con lo que podríamos denominar "imagen" de la escritura de una persona, como si el asegurarse que la mano de la que procedía ese escrito era de quien se aseguraba ser era simplemente comprobar que una era una especie de fotografía de la otra. A partir del libro de C. Espino Bermell (perito calígrafo experimentado además de jurista), "el testamento

situada como corresponde, al final del texto del testamento es un modo de hacerlo suyo. Además, una firma que podríamos llamar oficial o seria como la que se incluye en un contrato, es la que mejor nos garantiza que el testador es consciente de que está otorgando sus últimas voluntades, y que no se trata de un mero borrador sobre el que aún debe reflexionar. Así lo ha entendido nuestra mejor doctrina tal como lo recoge la profesora Carrión Vidal.

El art. 688 de nuestro Código civil, cuando recoge los requisitos para que se otorgue un testamento ológrafo válido, solamente dice que deberá estar firmado por el testador sin más aclaración al respecto. Es posible que nuestro legislador haya pensado que era innecesario dar un concepto específico de firma para el ológrafo, por ser evidente que para una actuación de tanta trascendencia como es el ordenar la propia sucesión, debe ser una firma habitual, claramente identificadora del causante.

Aunque el texto de nuestro art. 688 es prácticamente igual a los artículos paralelos en otros derechos cercanos al nuestro como sucede en el CC francés, en el suizo, o en el argentino, es destacable la peculiaridad del CC italiano. En su artículo 602[8]

---

ológrafo. Su adveración y protocolización", 2017" ya aprendí que lo que caracteriza la grafía de cada persona es el ritmo de su escritura y que no hay dos iguales. Que evidentemente ese ritmo puede variar algo a lo largo de la vida, así como que es posible en ocasiones detectar alteraciones causadas por enfermedades neurodegenerativas del sujeto.

8 "Il testamento olografo deve essere scritto per intero, datato e sottoscritto di mano del testatore.
La sottoscrizione deve essere posta alla fine delle disposizioni. Se anche non è fatta indicando nome e cognome, è tuttavia valida quando designa con certezza la persona del testatore.
La data deve contenere l'indicazione del giorno, mese e anno. La prova della non verità della data è ammessa soltanto quando si

establece un concepto de firma fuera de todo rigor formal ya que dispone que, "es suficiente, aunque no se hay hecho indicando el nombre y apellido del testador, cuando designa con certeza la persona del testador[9]".

Este precepto, como puede comprobarse, rechaza cualquier rigor formal. Incluso si es con forma de carta, se ha dicho que basta con la indicación de la relación de parentesco con el beneficiario cuando comporte la certeza de la identidad de la persona que testa.

Traigo a colación este original modo de regulación de la firma en el ológrafo del CC italiano[10], porque cuando se observa la jurisprudencia española del TS sobre la firma, que la profesora Carrión Vidal analiza detalladamente parece, a veces, acogerse a esa misma idea, lo que ha de calificarse de erróneo ya que no es posible hacer una interpretación de ese tipo con el texto del art. 688 CC, ni siquiera tratando de apoyarse en el principio *favor testamenti*

---

tratta di giudicare della capacità del testatore, della priorità di data tra più testamenti o di altra questione da decidersi in base al tempo del testamento".

9 Así lo afirmó la sentencia del tribunal de casación italiano de 21 de octubre 1992, núm.11504, en un caso en el que el testamento ológrafo estaba redactado en forma de carta y se firmaba con la indicación de la relación de parentesco con los beneficiarios de las disposiciones que en el se contenían. Se comenzaba con el encabezamiento de queridos hijos y la firma era simplemente, mamá. Un caso similar entiendo que sería impensable en la jurisprudencia española.

10 Los testamentos ológrafos son los más frecuentes en Italia y la razón es de carácter económico. los aranceles de los notarios italianos por la autorización de un testamento son muy elevados y resultan inasumibles para un alto porcentaje de la población, al contrario de lo que sucede en España. Al parecer, y es posible que, por razones similares, también este tipo de testamento es especialmente popular en Suiza.

Una de las cuestiones que más desmenuza la autora es precisamente todo lo relativo a la firma del testamento ológrafo y no es para menos, porque el CC no es muy concreto en algunos extremos y de hecho desde las primeras sentencias sobre testamentos ológrafos la determinación de cuando existe o no una firma válida ha sido una de las cuestiones que aparecen recurrentemente en las sentencias y, nuestro TS no ha seguido una línea clara al respecto.

Después de un estudio en profundidad de las distintas opiniones de los autores y de sus argumentos la autora concluye, a mi juicio con acierto por las matizaciones que aporta que:

"Con todo, y aun compartiendo el argumento de la llamada "firma oficial habitual" como regla general, y aplicando aquí ese viejo aforismo según el cual toda regla tiene excepciones, me inclino por entender que las circunstancias concretas del caso puedan conducir a admitir como válida una firma calificable como "informal". La carencia de uniformidad sobre la materia en la propia jurisprudencia del TS encontraría su justificación en lo que se acaba de decir. La cuestión que entonces parece surgir es la relativa a cómo diferenciar esas "circunstancias concretas del caso" a las que se acaba de hacer referencia del criterio de la *habitualidad* por cuanto al empleo de una firma "informal" se refiere. O dicho de otro modo, al margen del criterio de la *habitualidad* en el empleo de una firma "informal" por el testador, ¿cabría admitir otros supuestos en los que aun empleándose por aquél una firma "informal" pudiere mantenerse la validez del testamento? El punto de vista negativo a tal posibilidad parece difícilmente cuestionable".

La autora no rehúye en absoluto entrar también en la incidencia de las nuevas tecnologías en la firma y la redacción del ológrafo.

Con respecto a la guarda y conservación se analizan las dos opciones más comunes: que sea el propio testador quien se ocupe de esa conservación o bien, que esa gestión se encargue a una tercera persona de su confianza. La primera opción, como destaca la autora, en principio es la que mejor garantiza el secreto de la disposición y de sus beneficiarios hasta el momento de en que deba lograrse su eficacia con la presentación ante el notario competente, pues la única persona que conoce la existencia del testamento y su contenido es su redactor. Sería un modo de llevar a la práctica la advertencia formulada como dicho popular: "¿Me guardas un secreto amigo?. Mejor me lo guardas si no te lo digo". Esta no es una elección del testador no está exenta de peligros para la eficacia del testamento. Desde la posibilidad de que el testamento aparezca ya transcurrido el plazo legal para poder asegurar su eficacia a qué, apareciendo a tiempo, caiga en manos de persona sin escrúpulos que, una vez comprobado que resulta más propicia a sus intereses la sucesión intestada, o la eficacia de otro testamento otorgado anteriormente cuyo contenido conoce y también le conviene, destruye el ológrafo[11] frustrando así la voluntad del testador.

En principio parece ofrecer mayor seguridad realizar el encargo de conservación a una tercera persona de la plena confianza del testador, que bien puede ser la persona más beneficiada por el testamento ológrafo, en su caso, al albacea testamentario o incluso un abogado o notario a los que se encargue esa gestión. O simplemente a un familiar o amigo. Se examina asimismo la posibilidad de que el encargo se haga a una pluralidad de personas, aunque subraya lo inusual de esta opción. Así como que, pueda darse el caso que, hecho

---

11 Aunque la autora también se plantea la posibilidad de que el tercero que se ocupa de guardar el testamento aunque sea beneficiario del mismo pueda verse tentado a introducir en él algunas modificaciones que le favorezcan más (p.65), estimo que es un riesgo de escasísima entidad, ya que cualquier tachadura en su texto, enmiendas o palabras entre renglones ,no salvadas por la firma del testador, supondrán la nulidad de la disposición, por lo que este beneficiario manipulador perdería sus ventajas.

el encargo de custodia a una persona, pueda terminar el testamento en manos de otra tercera, así cuando el encargado inicialmente fallece y, todos sus documentos pasan a sus herederos, o bien por la causa que sea delega la función encomendada a otra persona.

Otro punto diferente del de la mera guarda del documento es el de quien tiene que presentarlo y quien puede hacerlo, Cuestión también fundamental para la eficacia del testamento. Por supuesto que esa obligación corresponde a la persona que tenga en su poder el testamento con la consiguiente sanción por el incumplimiento como dispone el art. 690 CC.

Respecto de la posibilidad que ese mismo artículo menciona, de que también pueda presentarlo cualquiera que tenga interés en el testamento, no solo como heredero, legatario, albacea sino en cualquier otro concepto, la autora entiende que por el absoluto secreto de sus últimas disposiciones que frecuentemente busca quien otorga un testamento ológrafo, será muy inusual que conozcan de su existencia otras personas fuera del testador. Sin embargo, creo que en muchos casos no es así. No es tan raro que el secreto que con el ológrafo busque el testador no sea absoluto, sino solamente en relación con los parientes o personas cercanas que puedan haberse creído con derecho o expectativas a ser favorecidos y no lo han sido finalmente, pero no con respecto a otros familiares o amigos que saben que ellos no recibirán nada o si acaso, algo puramente testimonial. El comunicárselo a estos puede tener también la finalidad de que en el momento del fallecimiento del testador se comience a buscar cuanto antes el documento en el que se contiene el ológrafo.

El estudio finaliza con un apartado de naturaleza práctica dedicado a señalar los problemas que puede presentar un testamento ológrafo, para llegar a ser un testamento plenamente eficaz. Toca todos ellos, pero quizás no insiste, en mi opinión, suficientemente en la necesidad de que en estos tiempos en los que la escritura manual se utiliza tan poco, es de esencia que el testador, como en otros supuestos preconstituya la prueba de su escritura personal adjuntando al testamente algunas hojas escritas de su puño y letra.

Bien, es momento de recapitular sobre este nuevo libro en su conjunto y el juicio es muy positivo. El tema es el crucial del testamento ológrafo y lo trata con absoluta solvencia y con aportaciones personales. Está bien escrito, maneja todas las fuentes doctrinales, así como la jurisprudencia recaída sobre la materia. En conclusión, esta nueva monografía va a ser de consulta indispensable en cualquier próximo tratamiento del testamento ológrafo. Espero que los interesados en el testamento ológrafo disfruten de su lectura como yo he hecho.

No sería completo este prólogo sin hacer siquiera una referencia cuasi telegráfica a su autora, Almudena Carrión Vidal. Aunque es una persona joven, ya tiene una cierta trayectoria investigadora que la avala y un futuro que si sigue apostando por la calidad será muy prometedor. Junto a una serie de artículos de revista y colaboraciones en libros colectivos sobre diferentes temas, es autora de una importante monografía cuyo origen fue su tesis doctoral, sobre "El libre desarrollo de la personalidad y nulidad matrimonial" , dirigida por J.R. de Verda y Beamonte.

SILVIA DÍAZ ALABART
Catedrática de Derecho Civil

Madrid, día de San Isidro de 2024

Introducción

El articulo 676 CC considera el testamento ológrafo como un testamento común, al igual que el abierto o el cerrado. Sin embargo, aunque pueda resultar en cierta medida paradójico, y aunque la calificación legislativa venga referida a un plano bien distinto de lo que en el uso corriente del lenguaje se entiende por *especial*, las especialidades del testamento ológrafo son manifiestas. El que deba "estar escrito todo él y firmado por el testador" (art. 688.2 CC) y el que no precise de la intervención de fedatario público ni de testigos, hacen del ológrafo una forma testamentaria radicalmente diferente de aquellas otras dos formas testamentarias con las que el ológrafo comparte la denominación general de "testamentos comunes".

En el presente trabajo se pretende llevar a cabo un análisis de la firma, guarda y conservación del testamento ológrafo. Desigual es la importancia y problemática de cada una de ellas. Mientras la firma pertenece al plano de la validez misma del negocio testamentario (en cuanto elemento intrínseco para que este llegue a alcanzar existencia jurídica), y la adveración y protocolización al de su eficacia (elementos extrínsecos a aquél); respecto de la guarda y conservación del ológrafo el silencio del CC es absoluto, silencio legislativo cuyo fundamento no es otro sino el del carácter rigurosamente privado del testamento ológrafo no sólo en cuanto a su contenido, sino también en cuanto a su misma existencia.

En el ológrafo la identificación del testador tiene lugar después de su fallecimiento, y a través del cumplimiento del requisito de que todo él esté escrito de puño y letra de aquél. El texto manuscrito no es sin embargo suficiente en orden a dicha identificación; es asimismo imprescindible a tal efecto la firma del testador. Al margen de la cuestión de si la escritura de puño y letra del testador y la firma de éste desempeñan o no un papel equivalente en orden a la referida identificación, es incuestionable la esencialidad de la firma. "La firma es el alma de todo instrumento, sin ella — afirmaba FLORENCIO GARCÍA GOYENA — el testamento ológrafo no pasaría de ser un proyecto de testamento" (*Concordancias, motivos y comentarios del Código civil español,* Madrid, 1852, reimpresión Zaragoza, 1974, la cita es de DÍAZ ALABART, S: *El testamento ológrafo de las personas mayores dependientes: problemas y posibles soluciones,* Madrid, Reus, 2018, p. 36).

Sin embargo, la esencialidad de la firma no viene acompañada en el Código civil de clarificación alguna respecto a qué deba entenderse por firma en cuanto al testamento ológrafo se refiere. No es dudoso pensar que esa carencia de clarificación responda a la importancia misma que, en el común sentir social tiene la firma, a la circunstancia de tratarse de un concepto aprehendido por todos, y, en consecuencia, a lo innecesario que quizá resultó para el legislador de 1889 detenerse en qué hubiere que entender por firma del testador en un testamento ológrafo; en este sentido, afirmaba de manera gráfica GAMBÓN ALIX: "Tengo ante mis ojos dos documentos. Uno está firmado por mi deudor, y el otro no; se refieren a sendas deudas. Hasta un niño sabe que el que vale es el primero, y que el segundo no es más que un trozo de papel. Sin más que leves distingos, un jurista, un abogado, confirmará esta opinión del hombre de la calle" ("Reflexiones sobre la firma", en *Pretor,* enero-febrero 1966, p. 16)

Un sector de la doctrina civilista considera que, en orden a una aproximación al problema, es necesario determinar, "no que es la firma, sino lo que se entiende por ella en el testamento ológrafo. De ahí que será preciso tener en cuenta las formalidades que cumple en el testamento ológrafo para así poder determinar con qué forma se considera a éste firmado" (TORRES GARCÍA, T: "Comentario al artículo 688 del Código Civil", en *Comentarios al Código Civil y Compilaciones Forales,* dirigidos por MANUEL ALBALADEJO, Tomo IX, Volumen 1º. Artículos 657 a 693 del Código Civil, Madrid, 1990, Editorial Revista de Derecho Privado, p. 415).

Con todo, esa apuntada dualidad (qué sea la firma, y qué se entiende por ella en el testamento ológrafo) parte necesariamente de una premisa quizá insegura en alguna medida: que lo que el legislador del Código civil entendió por firma (a los efectos del testamento ológrafo, se entiende) fuera algo distinto de lo que la firma fuera, y se tuviere por tal, al tiempo de la promulgación del CC, un Código (no se olvide) popular y sencillo.

Si, de un lado, se parte de la idea de que en el ológrafo la firma contribuye, en una medida no menor a la del resto del propio documento manuscrito, a la identificación misma del testador; y sin olvidar de otro que la problemática de la firma de la que aquí se trata viene referida, por definición, a un acto jurídico negocial de tanta trascendencia como lo es el propio negocio testamentario (art. 667 CC), todo ello en el marco de una sociedad liberal burguesa, como lo era la española de finales del siglo XIX, con una concepción de la propiedad heredera en lo fundamental de la plasmada en el art. 544 del *Code* francés, y la consiguiente importancia del negocio testamentario como cauce o vehículo para la transmisión de los bienes, la conclusión no parece pueda ser la de una concepción abierta, indeterminada, o imprecisa de qué haya que entender por firma del testador en el ológrafo (el solo patronímico, la sola rúbrica, etc.), sino su contraria.

"Aunque sea un lugar común, hay que tener muy en cuenta — señala DÍAZ ALABART — que en nuestro ordenamiento el testamento es un negocio esencialmente solemne, aunque las formalidades exigidas para un tipo de testamento puedan ser diferentes de las que se precisan para otro. Que el testamento ológrafo no necesite de la intervención de fedatario público ni de testigos, no quiere decir que carezca de requisitos de solemnidad" (*El testamento,* cit., p. 33). *A fortiori,* esa doble circunstancia a que se acaba de hacer referencia (la no intervención de notario ni de testigos, lejos de relativizar el valor de la firma en el ológrafo, vienen a acentuar, de un lado, la importancia de aquella y, de otro, la de entender hecha la referencia legislativa a la denominada firma oficial habitual.

Capítulo I

Consideraciones generales sobre firma y documento

1. ELECCIÓN DEL TEMA

En la elección del tema de *la firma en el testamento ológrafo* como objeto de una labor de investigación, concurren fundamentalmente dos razones justificativas, siquiera la primera de carácter más general que la segunda.

Esa primera razón tendría que ver con los criterios generales que deban conducir a la elección de un tema de investigación en cualquiera de las áreas de conocimiento. ¿Es criticable acaso que quien tenga que llevar a cabo esa labor de investigación pretenda desarrollarla sobre un tema que quizá pueda aparecer como minúsculo, siquiera sólo en apariencia? La respuesta negativa se impondría necesariamente, y conduciría inevitablemente a una conclusión: la elección de un tema minúsculo, como objeto de una tarea investigadora no sólo no parece censurable sino acertada.

Afirmaba Diez Picazo allá por el ya lejano año de 1967, refiriéndose a la realización de una tesis doctoral, pero con criterio que quizá cabría extender asimismo a otras tareas investigadoras, la utilidad de acotar siempre "para trabajarlo, un campo pequeño cuyas lindes sean bien conocidas y pueda abarcarse con una sola mirada". Y añadía (casi gráficamente) en confirmación de lo anterior:

"Les tengo verdadero terror a los temas demasiado abstractos y generales, donde la vista acaba por perderse y de los cuales no puede sacarse en limpio otra cosa que la confusión que ya existe"[12]

Me refiero ahora a la segunda de las razones apuntadas. Señalaba. MORETÓN SANZ que "la actualidad y vigencia del testamento ológrafo es innegable". La autora fundamenta su afirmación en un dato que, para cualquier jurista, se presenta como necesariamente insoslayable: "las constantes resoluciones judiciales de las que trae causa, suscitadas por las controversias entre los beneficiarios de dichas disposiciones mortis causa y quienes se creían beneficiarios de bienes y derechos del causante"[13].

En fechas más recientes, la frecuencia en el otorgamiento de testamentos ológrafos se pone de relieve por DIAZ ALABART: "La facilidad que supone para el testador el poder otorgar este tipo de testamento por sí y ante sí, con absoluto secreto, sin intervención de terceras personas, ni costes y en cualquier momento o situación, hace que — pese a las indudables ventajas que frente a él ofrece el testamento notarial abierto[14] —, en la práctica se otorgue con bastante frecuencia"[15].

En definitiva, una figura jurídica, sea cual sea, que esté presente en la jurisprudencia, es una figura "viva", y lo es por

---

12 DÍEZ PICAZO, L: *"Prólogo"* al libro de TORRALBA SORIANO, O.V: *El modo en el Derecho Civil,* Montecorvo, Madrid 1967, p. 20.

13 MORETÓN SANZ, F: "La firma habitual y usual en los testamentos ológrafos: cuestiones sobre la firma habitual o de "mano propia" como requisito de validez", en *Revista Crítica de Derecho Inmobiliario,* Nº 727, 2011, p. 2858.

14 Para una enumeración detallada de ventajas del testamento abierto sobre el ológrafo, Diaz Alabart, S: *El testamento ológrafo de las personas mayores dependientes: problemas y posibles soluciones,* Reus, Madrid, 2018, pp. 9-10, nota 8.

15 DIAZ ALABART, s: *El testamento,* cit., p. 9. Dentro del marco de la utilización frecuente de esta forma testamentaria, la autora centra especialmente la atención en las personas mayores dependientes, pp. 10 y ss.

cuanto los particulares se valen de ella en orden a la reglamentación de sus intereses: tratándose de un negocio jurídico testamentario, para ordenar o disponer cual quieren que sea el destino de todos sus bienes, o de parte de ellos, para después de su muerte (art. 667 CC)[16].

Sin embargo, no es objetivo de este trabajo poner de relieve el interés que, en una consideración general o global, pueda presentar y efectivamente presenta, la figura del testamento ológrafo. Y ello por la razón de que la finalidad de este no viene referida a un análisis general o global de dicha forma testamentaria en el marco del Código civil[17], sino que el propósito es bien distinto: se trata de, una vez situados dentro del marco de aquélla, centrar el análisis en algunos aspectos, muy concretos ciertamente pero no por ello menos importantes[18], como lo son los referidos a la firma, guarda y conservación del testamento ológrafo.

---

16 Las anteriores consideraciones referidas al ológrafo no parecen, sin embargo, puedan extenderse respecto de otras formas testamentarias comunes (como es el caso del testamento cerrado, artículos 706-715 CC), Sobre el tema, LASARTE ÁLVAREZ, C: *Principios de Derecho Civil. VII. Derecho de sucesiones,* Marcial Pons, Madrid, 2015, p. 67.

17 El presente trabajo aborda el tema de *la firma* en el testamento ológrafo, y únicamente en el marco del Código civil, sin extenderlo en consecuencia al tratamiento que a esta forma testamentaria se dispense en los llamados "Derechos civiles autonómicos", por ejemplo, en el Derecho catalán.

18 Y es que, así como tratándose de un testamento abierto, e incluso también tratándose de un testamento cerrado, el "centro de gravedad" diríase se desplaza de algún modo de la forma del negocio jurídico testamentario a su contenido, tratándose del testamento ológrafo ese "centro de gravedad" de algún modo se desplaza hacia los requisitos formales del mismo (entre los cuales *la firma* juega un papel esencial). Y ello por cuanto se trata de una forma testamentaria que, casi de modo inconsciente, "conecta" nuestra imaginación a un testador solitario, quizá recluido en la intimidad de su alcoba, y sin otra compañía que la de su propia mente, e

Así pues, situados ya en la temática concreta de *la firma, guarda* y *conservación* del testamento ológrafo, ¿qué argumentación básica o fundamental podría utilizarse para justificar su elección?

Quizá esa argumentación cabría descomponerla de algún modo en varios aspectos, aunque por supuesto en estrecha conexión, que son los que se enuncian a continuación:

1.1 Firma, guarda y conservación: argumentación para justificar su elección

1.1.1 La esencialidad misma de la firma como requisito formal del ológrafo[19]

La importancia de la jurisprudencia recaída sobre *la firma,* por cuanto se refiere al tratamiento que ha venido dispensándose a

---

inserto quizá también en profundas cavilaciones sobre el destino que quiere para sus bienes tras su muerte. Un testador que, con muy alto grado de probabilidad, haya elegido esa forma testamentaria por el altísimo grado de secreto que esa forma de testar puede proporcionarle: sólo el testador sabe que ha otorgado testamento y, en consecuencia, sólo él conoce su contenido.

19 Escribiendo en general sobre las ventajas del testamento ológrafo, señala DÍAZ ALABART que "la facilidad que supone para el testador el poder otorgar este tipo de testamento por sí ante sí, con absoluto secreto, sin intervención de terceras personas, ni costes y en cualquier momento o situación, hace que — pese a las indudables ventajas que frente a él ofrece el testamento notarial abierto —, en la práctica se otorgue con bastante frecuencia", DIAZ ALABART, S: *El testamento* cit., pp. 9-10. Y posteriormente añade: "El testamento ológrafo es más sencillo en su otorgamiento que uno notarial, y se puede estar de acuerdo con la afirmación de la STS de 24 de febrero de 1961 (RJ 1961/351) de que "Una persona mayor de edad con sólo saber leer y escribir, aun sin cultura amplia, puede otorgar su testamento en forma ológrafa", pero es preciso matizar que no es suficiente con saber leer y escribir sino

esta figura testamentaria por parte de la doctrina científica. Me refiero aquí, más que al tratamiento actual o presente que quepa encontrar en la más reciente bibliografía jurídico civil en materia de Derecho de sucesiones (que también), a aquél otro que cabría llamar “tradicional” o “histórico” (el contenido en autores que escriben a poco de promulgarse el Código civil y posteriormente, Castán, De Buen, De Diego, Valverde, etc.). Tratándose del *ológrafo*, quizá cabría decir que “todo él es forma”, aunque convendría precisar cuál sea el alcance exacto que quiere atribuirse a tal expresión: no se quiere decir que el contenido del testamento ológrafo sea irrelevante o secundario[20]. Si de ese contenido formaran parte cláusulas que vulnerasen normas imperativas o prohibitivas (por ejemplo, en materia de legítimas), es innegable que la reacción del ordenamiento ante las mismas deberá ser la que en cada caso proceda ante la ilegalidad de aquellas[21]. Lo que se quiere decir es que,

---

que precisa conocer y cumplir con los requisitos exigidos en el CC para otorgarlo válidamente”, *El testamento,* cit, p. 33, nota 36.

20 Por cuanto el contenido del testamento ológrafo puede ser idéntico al propio de un testamento abierto o cerrado, pudiendo contener, en consecuencia, disposiciones testamentarias de muy distinto signo, y de mayor o menor complejidad, vgr, el establecimiento por el testador de una sustitución fideicomisaria sobre la legitima estricta para favorecer a un legitimario con discapacidad. Sobre el tema, recientemente, CHAPARRO MATAMOROS, P: " La sustitución fideicomisaria sobre la legitima estricta en favor del legitimario con discapacidad tras la Ley 8/2021, de 2 de junio", en *Retos del Derecho de sucesiones en el siglo XXI,* AA.VV, (Dir. ADRIÁN ARRÉVOLA BLANCO), Reus, Madrid, 2023, Vol. 2º, pp.641 y ss.

21 Señalando acertadamente esta circunstancia, DIAZ ALABART, *El testamento,* cit., p. 9, nota 8: “El testamento abierto otorgado ante notario permite al testador solicitar asesoramiento a aquél sobre la manera de dar la forma jurídica más adecuada a sus disposiciones testamentarias, lo que minimiza el riesgo de que puedan ser declaradas nulas. El juicio de capacidad del testador emitido por el notario, aunque solamente genere una presunción *iuris tantum*

en el ológrafo, dada la no intervención de notario, "lo formal", "la observancia de las formalidades", el "cumplimiento de los requisitos formales", en definitiva, diríase que adquiere una dimensión distinta o diferente de la que ese elemento "puramente formal" cumple en las demás formas testamentarias. Es, pues, si se prefiere, una cuestión de matiz, pero que no por ello debe pasar desapercibida, máxime cuando de lo que se trata es de justificar o explicar las razones que han llevado a centrar la atención en un requisito formal de esta forma testamentaria, tan sumamente concreto como lo es el referido a *la firma* de aquella.

La pregunta que quizá habría que plantearse en orden a la justificación del tema elegido debiera ser esta: ¿tiene la firma, exactamente, la misma importancia en el *ológrafo* que en las restantes formas testamentarias?: la respuesta negativa se impone por evidente[22].

---

de dicha capacidad, es un importante dato para sumar a la presunción general de capacidad testatoria de los mayores de 14 años no incapacitados. El cumplimiento de todos los requisitos de identificación del testador y la solemnidad del otorgamiento propios de estos testamentos, eliminan cualquier duda sobre la identidad del testador y su voluntad de disponer de sus bienes para después de su muerte. El hecho de que los testamentos abiertos se recojan en el protocolo notarial garantiza su conservación y que ninguna tercera persona pueda modificarlo. Asimismo, el que el notario esté obligador a dar cuenta del otorgamiento del testamento al Registro de Últimas Voluntades, facilita que a la muerte del testador sea sencillo conocer cuál fue el último testamento otorgado y obtener una copia de este". Además, al no precisar el abierto de protocolización al estar otorgado en documento público, no existe el riesgo de que por no hacerlo dentro del plazo quinquenal establecido en el art. 689 CC se vea privado de eficacia.

22 Amplias consideraciones al respecto, en GARCÍA CANTERO, G: "Testamento ológrafo: ¿transformarse, o morir?"., en *Actualidad Civil, 2013, número 11, noviembre 2013, pp. 1230 y ss.* "Mientras que para el

Y es que en estrecha relación con lo que se acaba de decir, conviene recordar que, cuando de *la firma* del ológrafo se trata, las *funciones* de esta no parecen presenten identidad de contenido con las que cumple la firma en los testamentos notariales. De las dos funciones que cumple aquella en cualquier negocio jurídico testamentario (identificar al testador, y asumir éste la declaración de voluntad testamentaria), parece claro que, tratándose del ológrafo, no existe unanimidad en la doctrina respecto a que ambas funciones se presenten con idéntica importancia. Tratándose de una forma testamentaria *autógrafa*, la función de garantizar la autenticidad del escrito vendría ya suficientemente cubierta, o preponderantemente cubierta, por el requisito de la autografía. Poco, pues, añadiría la firma a este respecto. En consecuencia, la función fundamental de la firma sería la de constituir "elemento acreditativo del carácter serio y definitivo con que el testador ha querido revestir la declaración de voluntad" (OSSORIO MORALES)[23].

Con posterioridad, este punto de vista se defendió asimismo por LACRUZ:

"En los casos habituales – decía LACRUZ– de testamentos de una mínima extensión, que son los que tuvo en cuenta el

---

abierto y el cerrado admite la ley – en algunos casos – que no estén firmados por el testador (supuestos todavía no insólitos de testador analfabeto, o de discapacitado carente por accidente de extremidades superiores, o de invidente de nacimiento que no sabe escribir), . . .salvedades todas ellas que no rigen y resultan inaplicables para el ológrafo que imperativamente ha de estar firmado por el testador (art. 678, párrafo 2º), exigencia que el *sensus commune* de la sociedad española así lo ha entendido y practicado desde la promulgación del CC. En efecto, un testamento ológrafo sin firma carece de todo valor jurídico; a lo sumo puede constituir el borrador, esbozo o proyecto de un futuro testamento. . .." pp. 1230-1231.

23 OSSORIO MORALES, J: *Manual de sucesión testada.* Instituto de Estudios Políticos, Comares, Madrid 1957, pp. 140-141.

legislador, la firma apenas representa un elemento de identificación, pues ésta se obtiene a través del escrito precedente, más difícil de falsificar entero: es sobre todo, el signo que comunica al escrito el carácter de negocio jurídico (testamento) acabado y perfecto, distinguiéndolo del borrador o del mero proyecto o apunte"[24].

Ciertamente parece hay que estar de acuerdo con el parecer de LACRUZ. Y es que, si la autografía identifica, parece lógico concluir que esa "identificabilidad" deba conectarse en mayor grado al escrito autógrafo en su conjunto que a los ciertamente más escasos caracteres caligráficos constitutivos de la firma.

Con todo, no es menos cierto que el parecer tendente a no establecer diferencias entre ambas funciones, atribuyendo a una de ellas mayor importancia que a la otra, está asimismo ampliamente extendido en no menos autorizada doctrina. Así, para ALBALADEJO, las funciones de la firma (identificar al testador y asumir éste la declaración testamentaria) se presentarían en pie de igualdad. No le atribuye más importancia a una función que a otra[25]. Y en esta misma línea, TORRES GARCÍA, quien asimismo sitúa en un mismo plano a ambas funciones, sin desigualar la importancia de cada una de ellas[26]. Para esta autora,

---

24 LACRUZ BERDEJO, J.L y Sancho Rebullida, F: *Derecho de Sucesiones. I. Parte General. Sucesión voluntaria,* Librería Bosch, Barcelona, 1971, p. 414.

25 ALBALADEJO GARCÍA, M: *Curso de Derecho Civil. V. Derecho de Sucesiones,* Librería Bosch, Barcelona, 1982, p. 226.

26 TORRES GARCÍA, T: "Comentario al artículo 688 del Código civil"., en *Comentarios al Código Civil y Compilaciones Forales (dirigidos por Manuel Albaladejo),* Tomo IX. Vol.1°.A (artículos 657 a 693 del Código Civil), Editorial Revista de Derecho Privado, Madrid, 1990, pp. 415-416. Junto a la función de la firma como elemento que vendría a perfeccionar el acto de la declaración de voluntad, la otra función de la firma sería la de "identificar con la escritura al firmante como autor, no sólo del escrito testamentario, sino también de la declaración de voluntad".

presupuesta la función de la firma como elemento perfeccionador de la declaración de voluntad, la otra función de aquella sería la de "identificar con la escritura al firmante como autor".

Con todo, este parecer de TORRES seguiría sin despejar del todo la cuestión: y es que la firma "identifica con la escritura al firmante", luego ayudaría a identificar, pero no es menos cierto que, pese a ello, el papel identificador de la firma parece seguiría ofreciéndose escaso, menor, accesorio, subordinado (o como queramos llamarle) al que de suyo presenta la escritura, la autografía total del escrito testamentario, excepción hecha de la firma. Es decir, "identificar con la escritura", claramente significa que la firma sola no identifica. Identifica sí, pero en cuanto conectada con la escritura, en cuanto vinculada al resto del escrito autógrafo. Y, si ello es así, no parece quepa concluir, sino que en esa función identificadora, jugará ciertamente un papel mucho mayor, más importante y decisivo, la autografía total del escrito que la autografía constituida por la firma[27]. Con lo que se desemboca en el parecer de LACRUZ BERDEJO Y OSSORIO MORALES a que se ha hecho referencia anteriormente.

---

27 Aun siguiendo a lo que parece el punto de vista de TORRES GARCÍA, T:" *Comentarios*" esta parece ser la conclusión que se desprende de las consideraciones llevadas a cabo por TORAL LARA, E: "Presente, pasado y futuro del testamento ológrafo", en *Estudios de Derecho de Sucesiones. Liber Amicorum* TORRES GARCÍA, *T*, La Ley, Madrid 2014, p. 1392. "Desde nuestro punto de vista – afirma —, y partiendo de las funciones que está llamada a cumplir la firma en el testamento ológrafo (*complementar* a la autografía en la identificación del testador y dar al texto el carácter de negocio jurídico acabado, que contiene la auténtica declaración de voluntad del testador)"

1.1.2 La plena actualidad y vigencia de las cuestiones y problemas referidas a la firma del ológrafo en la jurisprudencia más reciente, y asimismo (como consecuencia) en las más recientes aportaciones de la doctrina científica referidas a dicha forma testamentaria

Yendo ahora a la segunda de las consideraciones: ¿cabría dudar acaso de la importancia y repercusión que la jurisprudencia recaída acerca de *la firma* del ológrafo ha tenido en el tratamiento mismo de la figura jurídica que nos ocupa? ¿Se explica acaso la figura en las Facultades de Derecho omitiendo toda referencia a esas dos famosísimas SSTS de 8 de Junio de 1918[28] y 5 de Enero de 1924 (siquiera más famosa la primera que la segunda), referidas las dos precisamente al requisito de *la firma* del testamento, y manteniendo criterios en principio contradictorios?[29]¿Cuál es la sentencia que cualquier

---

28 Tampoco parece desde luego que se haya dicho todo, pese al largo periodo de tiempo transcurrido, ciento seis años, sobre esa famosa STS de 1918. Llama ciertamente la atención que un autor de la talla de PUIG BRUTAU, J, aludiera en la 2ª edición de sus *Fundamentos de Derecho Civil, Tomo V, Volumen II,* Barcelona 1977, pp. 133-138, a la posibilidad de que en esa Sentencia de 8 de junio de 1918 pudiera existir "una *ratio decidendi* oculta o no expresada".

29 Como es sobradamente conocido, mientras que en el primero de los fallos el TS admitió la validez del testamento firmado *"tu Matilde"*, y rúbrica, en el segundo (STS 5 enero 1924), el alto Tribunal no dudó en calificar de "excepcional" el supuesto enjuiciado por la S de 1918 (firma con el solo nombre de pila), y pasa a considerar como ordinariamente nulo el testamento firmado con sólo el nombre ("vuestra tía Mariana"). Para un buen análisis general de esta problemática, LACRUZ BERDEJO, J.L, y SANCHO REBULLIDA, F: *Derecho de Sucesiones, I. Parte General. Sucesión Voluntaria,* Librería Bosch. Barcelona, 1971, pp. 415 y ss., con criterios y puntos de vista mantenidos en ediciones posteriores, *Elementos de Derecho Civil, V. Derecho de sucesiones, conforme a las Leyes de 13 de mayo y 7 de julio de 1981,* Bosch, Barcelona, 1981, pp. 238 y ss. Más recientemente,

estudiante de Derecho recuerda, incluso mucho después de concluidos sus estudios, en materia de testamento ológrafo? ¿Acaso no es la famosísima de "*Pacicos de mi vida*", ligada indisolublemente a esa famosísima firma con el solo nombre de pila ("Matilde"). El caso de "*Pacicos de mi vida*" es, además, uno de los más conocidos de nuestra jurisprudencia civil y, como se acaba de decir, pocos serán los estudiantes, que, tras haber cursado Licenciatura o Grado de Derecho, no tengan algún grado (mayor o menor)[30] de referencia sobre ese famosísimo fallo. ¿No sería la anterior una circunstancia explicativa de que, elegida la temática del *ológrafo*, se venga a centrar la atención precisamente en *la firma* de aquél? Pero dicho esto, ¿cabría acaso suponer que el interés apuntado se ofrecería puramente anecdótico, referido así a un supuesto de principios del pasado siglo, y por completo desconectado de la problemática que el ológrafo presenta en nuestro tiempo? Una respuesta afirmativa a lo anterior sería inexacta.

---

véase el tratamiento que le dispensa LASARTE ÁLVAREZ, C.: *Derecho de Sucesiones. Principios,* cit, pp. 65-66. Más recientemente, de interés las consideraciones de DIAZ ALABART, S. *El testamento,* cit, pp. 39-42, quien califica de "poco clara" la jurisprudencia del TS al respecto, atribuyendo asimismo a aquella la creación de una "inseguridad manifiesta al respecto".

30 Mayor o menor en cuanto, en muchas ocasiones, esa idea que se tiene de tan famosa sentencia por parte de quienes solo tienen un conocimiento superficial, anecdótico, de ella, dista bastante de la realidad. Así, por ejemplo, la errónea consideración de que la sentencia contemplaba un caso de "testamento epistolar", aun cuando no fue enviado como tal testamento epistolar, sino aprovechando el papel sobrante en una carta de novios (lo que es bien distinto). Sobre el tema, por lo demás de sobra conocido, LACRUZ BERDEJO J.L:" *Derecho de sucesiones*" cit., p. 239, nota 2.

1.1.3 La imposibilidad de disociar la problemática referida a *la firma* del ológrafo de la incidencia sobre dicha forma testamentaria en su conjunto de las nuevas tecnologías (firma electrónica, fundamentalmente)

Pero como se ha apuntado anteriormente, el interés de los problemas acerca del requisito de *la firma* en el ológrafo no es, ciertamente, un interés que únicamente se proyecte hacia el pasado, es decir hacia el tratamiento dispensado a aquél por parte de la jurisprudencia más antigua y de los civilistas que escribieron a poco de promulgarse el Código y a lo largo del pasado siglo. No puede decirse desde luego que el tema de *la firma* sea un tema cerrado y respecto del cual quepa afirmar que "todo esté dicho". Y no lo está porque no lo está tampoco la temática más amplia en la que se insertan esos problemas de *la firma.* Y es que, si el testamento ológrafo goza, como parece, de buena salud[31], de buena salud gozarán también los distintos

---

[31] De interés las consideraciones al respecto de GARCÍA CANTERO: "Testamento ológrafo, cit., p. 1241. "Después de más de un siglo de aplicación cabe concluir que la regulación codicial del testamento ológrafo goza de buena salud, y no se encuentra en ningún momento crítico que pueda expresarse con la alternativa del título de este trabajo (*renovarse o morir);* ni tampoco que se hayan cumplido los vaticinios negativos que alguna doctrina reciente ha reiterado. Puede afirmarse, más bien que esta modalidad de testar ha sido asumida por la sociedad española con normalidad, desbordando claramente el inicial círculo de sus destinatarios al promulgarse el CC; más aún, ha logrado democratizarse en la práctica al resultar fácticamente accesible a todas las clases sociales. Y ello pese a que, comprensiblemente, no sea valorado por los depositarios de la fe pública, y, excepcionalmente, por algún sector minoritario de la doctrina. Modalidad ordinaria de testar según la *voluntas legislatoris,* entiendo que hay suficientes razones para mantenerla en el futuro, incluso reforzado desde 1978 con apoyo constitucional". Más recientemente, refiriéndose a la relativa frecuencia con la que se acude a esta forma testamentaria, DIAZ ALABART, S: *El testamento,* cit., p. 9.

aspectos que a él se refieren. Y, entre ellos, diría que, de un modo especial, el referido a *la firma* del documento.

Pero a su vez los problemas de *la firma* no me parecen puedan separarse del de la *autografía* del propio testamento. Y es que el artículo 688 del Código se refiere a que tal forma de testamento deberá *"estar escrito todo él y firmado por el testador"*. Con lo que parece se desemboque en la polémica cuestión referida a considerar, o no, cumplido el requisito de la *autografía* del testamento cuando una persona, que carezca de manos, lo haya escrito con otras partes de su cuerpo (los pies o la boca). Es obvio que, de optarse por una respuesta afirmativa a este problema, habría que concluir necesariamente que también *la firma* del testamento por parte de la persona que carece de manos podría realizarse con los pies o la boca. Es innegable que el criterio mantenido por destacados representantes de la doctrina es, desde luego, opuesto a esta posibilidad[32], pero ¿sería disparatado plantearse la necesidad de una revisión de este punto de vista con apoyo en una doble circunstancia?: de una parte, el de la protección a las personas que padecen algún tipo de discapacidad; de otra, la de que la interpretación hasta ahora predominante haya venido apoyándose, quizá excesivamente, en hacer equivalentes *autografía* con escrito procedente *de la mano del testador* y, en lo que aquí interesa, *firma* asimismo procedente *de la mano* de aquél, siendo así que el artículo 688 del Código se refiere únicamente a que tal forma de testamento deberá "estar escrito todo él y firmado por el testador"[33]. Sobre

---

32 Así, entre otros, LASARTE ÁLVAREZ, C. *Principios* cit., p. 64, y en una línea similar, MORETÓN SANZ, M. F "La firma habitual", cit., p. 2861, siquiera ninguno de los autores citados se refiera, expresamente, a la cuestión de si los privados de manos pueden o no otorgar testamento ológrafo.

33 Y es que el único artículo del Código en el que, literalmente, se hacía referencia a la circunstancia de que el testamento ológrafo debiera venir escrito *"de mano del testador"*, era el artículo 691, en la

el tema, cfr. las exhaustivas consideraciones de ROSA PEÑASCO, a favor sin ambages de tal posibilidad y en las que no procede entrar ahora[34].

1.1.4 La necesidad de atender asimismo a los aspectos referidos a la *guarda* y *conservación* de esta forma testamentaria, dadas sus más que acusadas singularidades, que vienen a separarla de manera acentuada de los testamentos notariales

De otra parte, cualquiera que sea el punto de vista que quepa mantener con apoyo en el articulado del Código, es innegable que obligado es al menos plantearse la incidencia sobre esta forma testamentaria de las nuevas tecnologías. En una sociedad en la cual los manuscritos prácticamente han desaparecido, ¿resultaría lógico y congruente no admitir siquiera el planteamiento de la posible incidencia sobre esta forma de testar de un procesador de textos, o la hipótesis de firmarlo electrónicamente?[35] Y si, planteadas ambas cuestiones, la conclusión para las dos fuere negativa, ¿no sería acaso el momento de plantearse si tiene razón de ser y justificación alguna la subsistencia en el Código civil de una figura jurídica tan manifiestamente alejada de la realidad social de nuestro tiempo?

En el año 2013, un destacado representante de la civilística española publicó en las páginas de *Actualidad Civil* un trabajo

---

redacción anterior a la actualmente vigente (por Ley 15/2015, de la Jurisdicción Voluntaria).

34 PEÑASCO, R. *El testamento ológrafo otorgado por personas que escriben con la boca o con el pie,* Madrid, 2018, Dykinson, pp. 29 y ss.

35 Sobre el tema, una aportación importante por cuanto se refiere a la figura del testamento ológrafo electrónico, la de GARCÍA MAYO, M: *El testamento ológrafo electrónico (Una propuesta de lege lata),* Aranzadi, Cizur Menor (Navarra), 2024, en especial pp. 49 y ss.

sobre la figura del testamento ológrafo en su conjunto que llevaba por título una frase llena de sugerencias en cuanto al futuro mismo de esta forma testamentaria: "Testamento ológrafo: ¿transformarse, o morir?"[36].

Y es que el ológrafo presenta una variada problemática: la exigencia de mayoría de edad para otorgarlo, desfasada por las sucesivas rebajas de la edad de la mayoría (1941, 1978); la autografía, entendida como proveniente, en exclusiva, "de la mano del testador" (con las dudas que sobre esta exigencia arroja la redacción que al art. 691.1 CC vino dada por la Ley 15/2015, de la Jurisdicción Voluntaria), la oscilante y, en ocasiones, contradictoria jurisprudencia sobre los elementos de la firma exigida para la validez del testamento; las dificultades (¿o absoluta imposibilidad?)[37] de hacer entrar en juego las llamadas "nuevas tecnologías" respecto de esta forma testamentaria[38].

Si comparásemos ventajas e inconvenientes del ológrafo, ¿qué prevalecería? ¿quizá los segundos?[39]

---

36 García Cantero, G: "Testamento ológrafo", cit., pp. 1221 y ss. Aunque, pese a ese título, el autor concluya afirmando que el ológrafo "goza de buena salud, y no se encuentra en ningún momento crítico que pueda expresarse con la alternativa del título de este trabajo, *renovarse o morir*", cit., p. 1241.

37 De alguna manera, quizá no resulte exagerado hablar de "imposibilidad", por ejemplo, en cuanto se refiere a la llamada "firma electrónica", en cuanto presupone asimismo un documento elaborado electrónicamente, lo que evidentemente no es el caso del testamento ológrafo.

38 García Mayo, M: *El testamento ológrafo,* cit.,pp.58-80.

39 En apoyo de la conservación de esta forma testamentaria, desde luego, el Derecho catalán (Ley 10/2008, de 10 de Julio, por la que se aprueba el Libro cuarto del Código civil de Cataluña, relativo a las sucesiones, y que regula el ológrafo en los artículos 421-17, de modo muy similar a la regulación del Código civil).

1.1.5 Finalmente, un análisis de algunas de las cuestiones relativas a la guarda y a la conservación de esta forma testamentaria debe venir a cerrar los anteriores planteamientos

2. PRECISIONES INTRODUCTORIAS

El problema de *la firma* en la forma ológrafa de testar, presenta desde luego particularidades y especificidades que la separan de una problemática indudablemente mucho más amplia: la constituida por el cúmulo de cuestiones, problemas e interrogantes, que de suyo pueden afectar a *la firma* de cualesquiera otros documentos distintos de un testamento ológrafo, pero con todo no parece acertado entender que esa problemática de *la firma* en la forma testamentaria de la que

---

Por su parte, en la doctrina científica, parece desde luego prevalecer el criterio favorable a la conservación de esta forma testamentaria. Así, entre las aportaciones más recientes, una concienzuda defensa de este, en LASARTE ÁLVAREZ, C: "*Derecho de Sucesiones*", cit., pp. 62 y ss., quien se refiere a su "relativa presencia práctica", apoyándola en las facilidades y ventajas que presenta para el testador, "quién en cualquier momento y lugar (teniendo algo de tiempo, cualquier utensilio de escritura y unas cuantas hojas en blanco), puede expresar su voluntad *mortis causa,* revisando incluso anteriores instrumentos notariales". Refiriéndose asimismo a las ventajas del ológrafo, así como a la mayor sencillez en su otorgamiento que uno notarial, pero sin compartir del todo la argumentación de la STS 24 de febrero 1961 ("Una persona mayor de edad con sólo saber leer y escribir, aun sin cultura amplia, puede otorgar su testamento en forma ológrafa"), DIAZ ALABART, S; *El testamento,* cit., p. 33, nota 36, matizando que no es suficiente con saber leer y escribir sino que es preciso conocer y cumplir con los requisitos exigidos en el CC para otorgarlo válidamente.
Un punto de vista asimismo favorable a la conservación de esta forma testamentaria, en GARCÍA CANTERO, G: "Testamento ológrafo", cit., pp. 1241.

aquí se trata deba, ni pueda, ser analizada prescindiendo por completo, siquiera sea a nivel introductorio, de qué sea la firma en sí misma (como requisito formal) ; qué deba entenderse por firma; cuales sean sus elementos constitutivos; sus clases o modalidades, etc.

Ese análisis al que acaba de hacerse referencia no solamente resulta conveniente, sino en alguna medida imprescindible. El CC, cuando exige (bajo sanción de nulidad) que el *testamento ológrafo* venga firmado por el testador, es obvio que está presuponiendo, se está remitiendo de algún modo, a un concepto o noción más amplio: el de *firma* en general. La exigencia legislativa, en este caso rigurosamente formal, solamente puede ser entendida y comprendida exactamente, remontándonos (como se acaba de decir) a ese concepto o a esa noción más amplia, que no es otro sino el de *firma* en general de un documento.

Bien es verdad que tras esa remisión a la noción general de *firma,* un trabajo como el presente que viene referido (siquiera no exclusivamente) a *la firma* en el testamento ológrafo, obligará enseguida a "descender" ya de lo general a lo particular, de ese ámbito general representado por *la firma* en cualesquiera documentos, a ese marco mucho más concreto y, en consecuencia, mucho menos general, representado no ya por *la firma* sin más precisión o especificación que la representada por ella misma, sino por *la firma en el testamento ológrafo.* Automáticamente, el campo objeto de análisis se reduce, se concreta, pero, insisto, la premisa primera (la representada por *la firma* en general) seguiría presentándose como básica, en cuanto habrá hecho posible ese descenso de lo general a lo particular, de esa problemática amplísima de *la firma* (entendida como "acto del hombre, gráficamente exteriorizado, por el cual asume una obligación cuando para ello es imprescindible la forma escrita o que, en otro caso, acredita la intervención del sujeto autor en el concepto que se infiere del tenor del texto suscrito")[40], a la (problemática) ya mucho menos amplia, y por ello obviamente más concreta, representada por *la firma* en ese negocio jurídico "mortis causa" constituido por el testamento ológrafo.

3. DIFERENCIA ENTRE "NOMBRE" Y "FIRMA"

En principio, no parece deban confundirse términos distintos, como los de "nombre" y "firma". Parece que, incluso intuitivamente, cualquiera estaría en condiciones de apuntar alguna/s diferencia/s entre ellos: quizá la más importante sería la de que el término "firma" se presentaría más amplio que el de "nombre", por cuanto "la firma" abarcaría "el nombre", pero ya no se estaría tan seguro de que fuera correcta la proposición inversa, según la cual "el nombre" equivaliera siempre y en todo caso a "la firma".

Desde una perspectiva teórica, GAMBÓN ALIX trazaba líneas diferenciales muy acentuadas: "no se deben confundir términos distintos, cuales son nombre y firma. El nombre es uno de los datos que sirven para identificar a un sujeto, pero no es un hecho, sino una cualidad o mejor un derecho de la personalidad. Mientras que la firma es un hecho y no tiene por finalidad identificar a un sujeto – diferenciarlo de los demás —, sino acreditar su intervención en un acto. Y de la misma manera que no se puede impedir que dos o más personas lleven igual nombre (en caso de que así sea, otros datos permitirán siempre la individualización), la semejanza entre varias firmas no pasa de ser un inconveniente que admite variados remedios si es que puede inducir a confusión"[41].

---

[40] GAMBÓN ALIX, G: "Reflexiones sobre la firma"., en *Pretor,* enero-febrero 1966, *p. 16.*

[41] GAMBÓN ALIX, G:" Reflexiones", cit., p. 22, nota 50.

Parece de nuevo que la problemática general de la firma alcance al marco del testamento ológrafo: ¿tiene la firma función identificadora de un sujeto o no la tiene? Según el parecer de GAMBÓN no la tiene, siendo su función principal la de acreditar su intervención en un acto.

Es claro que las consideraciones de este autor no se formularon desde la óptica específica del negocio jurídico testamentario, y menos aún desde la propia del testamento ológrafo, pero en cualquier caso no deja de ser un punto de vista de interés en orden a disminuir sensiblemente la función identificadora de la firma respecto del resto del escrito en el que se inserta aquella. Y esto valdría también para el ológrafo.

4. SOBRE EL VALOR DE LA FIRMA EN GENERAL

Afirmaba de manera gráfica GAMBÓN ALIX:

"Tengo ante mis ojos dos documentos. Uno está firmado por mi deudor, y el otro no; se refieren a sendas deudas. Hasta un niño sabe que el que vale es el primero, y que el segundo no es más que un trozo de papel. Sin más que leves distingos, un jurista, un abogado, confirmará esta opinión del hombre de la calle"[42]

5. ORIGEN ETIMOLÓGICO DEL TÉRMINO "FIRMA"

Aunque se trate quizá de un recurso poco útil en algunas ocasiones, se siente la necesidad de decir algo acerca del origen etimológico de esa palabra (*"firma"*) a la que se refiere este trabajo, aunque sin olvidar desde luego que el objeto

---

42 GAMBÓN ALIX, G "Reflexiones", cit., p. 5

principal del mismo viene dado por el análisis de la firma en el testamento ológrafo.

Es significativo que el autor citado anteriormente no se muestre demasiado entusiasmado con el grado de esclarecimiento que el análisis etimológico pueda aportar de suyo a qué deba entenderse por *firma*[43].

Sea de ello lo que fuere, para MORAL LÓPEZ, "firma" viene del adjetivo *"firmus-a-um"* – adjetivo, como se ha dicho, y que obviamente significa "firme"—y del verbo *"firmo-as-are"* – cuyo significado es el de "afirmar", "dar firmeza", "aseverar" —, por lo que firma — arguye este autor – es el conjunto de signos que aseveran algo, como leña es el conjunto de más de un *lignum*– leño —. Más tarde significó en el léxico común "nombre y apellidos puestos al pie de un escrito"[44]. Pero aun en esta etapa – concluía este autor – se han producido modificaciones en distintas épocas, países y personas; algunas suscriben entreverando con la rúbrica y necesitan a veces la traducción al pie, así como hay variantes de firma extensa[45].

---

43 "La pesquisa etimológica tampoco – afirma GAMBÓN ALIX, —, porque inquirir lo que las cosas fueron no ilustra siempre acerca de lo que son cuando por naturaleza, como ocurre con el lenguaje en general, presenta una mutabilidad que se hurta a cualquier clase de reglas". El autor, recogiendo el parecer de MORAL lópez, J, añade que "la evolución semántica fija el significado de las palabras unas veces en sentido de restricción y otras de ampliación, generalmente a base de influjo de los procesos lógicos, basados en la asociación de ideas, que se traducen en los tropos denominados metáfora, sinedocque y metonimia; a veces, una palabra restringe semánticamente su significado, fijándose en determinada acepción, y más tarde recorre el camino inverso".

44 MORAL LÓPEZ, J: *Revista de Derecho Español y Americano,* 1959, pp. 997 y ss., recogido por GAMBÓN ALIX, G: "Reflexiones", cit., p. 18.

45 MORAL LÓPEZ, G, citado por GAMBÓN ALIX : "Reflexiones", cit., p. 18, nota 36.

6. ¿ORIGEN CONSUETUDINARIO DE LA FIRMA?

"Me atrevo a decir, en resumen, que la firma es un requisito de origen consuetudinario que opera como *conditio iuris* de la eficacia del escrito en base a la presunción de que el momento de su aposición coincide con el de emisión de voluntad o de conocimiento, cuyo contenido se expresa en el escrito correspondiente"[46].

Es posible desde luego que lo que en la actualidad se presenta para nosotros como un comportamiento usual, habitual, y con una clarísima significación de asunción de obligaciones, o, en general, de una declaración de voluntad, haciéndolas nuestras a través de la suscripción de un documento, tuviere efectivamente un origen *consuetudinario,* basado así en una conducta repetitiva, apoyado en una reiteración de comportamientos en un mismo sentido que, finalmente, terminaría por elevarse a la categoría de "regla jurídica".

7. HACIA UN CONCEPTO GENERAL DE FIRMA

Presentándose el presente capítulo, tal como se apuntó, con carácter introductorio, y hechas las anteriores consideraciones, se hace necesario partir ya de un concepto o noción de *firma* que cabría llamar "general", o "generalmente aceptado", en el sentido de que fuera válido como punto de partida para el tratamiento del tema concreto objeto del presente trabajo.

Es por lo anterior, por lo que se ha preferido partir para ello de la consulta de obras referidas a *la firma* en general, en las que si bien es cierto que resulta poco menos que imposible no encontrarse con alguna/s referencia/s al problema de *la firma* en la forma ológrafa de testar, no es menos cierto que el centro

---

46 GAMBÓN ALIX, G: "Reflexiones", cit., p. 13.

de atención del autor no viene dado por la firma en el ológrafo, sino por lo que necesariamente constituye su premisa anterior y por ello previa: *la firma* en su consideración general[47].

En esta línea, uno de los autores que de forma concienzuda se ocupó de *la firma* en esa su dimensión general, GAMBÓN ALIX, formula el que él llama "concepto ideológico de firma": *"La firma es el acto del hombre, gráficamente exteriorizado, por el cual asume una obligación cuando para ello es imprescindible la forma escrita o que, en otro caso, acredita la intervención del sujeto autor en el concepto que se infiere del tenor del texto suscrito"*[48].

---

47 Según el Diccionario de la Real Academia, se entiende por firma: "1, Nombre y apellido, o título, de una persona, que ésta pone con rúbrica al pie de un documento escrito de mano propia o ajena, para darle autenticidad o para obligarse a lo que en él se dice. 2. Nombre y apellido, o título, de la persona que no usa rúbrica, o no debe usarla, puesto al pie de un documento". Precisaba GAMBÓN ALIX, G, comentando esta definición de la Academia, que "la definición de la Academia, puesto que aborda un tema que tiene su sede en la técnica jurídica, no necesita ser exacta; y no lo es, en efecto". Argumentaba este autor, en apoyo de su afirmación, que la finalidad de la firma, que la Academia reduce a autenticar u obligarse, es plural, ya que puede servir respecto al contenido material o conceptual del documento para "1º. Acreditar que el firmante es el autor del contenido material, vale decir, el autor de la literalización contenida en el documento. 2º. Acreditar que el que firma presta su conformidad al contenido ideológico del documento, o sea, que acepta el contenido de la manifestación literalizada en éste. 3º Acreditar que el firmante ha tenido una intervención concreta en el otorgamiento, circulación o eficacia del documento, según se deduzca del texto de éste, de las manifestaciones que precedan a la firma o del lugar en que ésta se estampe. "Reflexiones", cit., , p. 14.

48 GAMBÓN ALIX, G., "Reflexiones", cit., p. 16. La cursiva es mía. Más recientemente, ESPINO BERMELL, C: *El testamento ológrafo. La importancia de la escritura y la firma del testador. El cotejo pericial de letras (La prueba caligráfica),* UCOPress, Córdoba, 2016, p. 168, suministra el siguiente concepto: "la forma de estampar el nombre de una

La conexión del concepto anterior con la forma ológrafa de testar surge de inmediato, o al menos, así me lo parece. No desde luego en lo que se refiere a la asunción de una obligación, que nada tiene que ver con el negocio jurídico testamentario, pero sí en cuanto "acredita la intervención del sujeto (del firmante) en el concepto que se infiere del tenor del texto firmado". Desde esta perspectiva, la firma acreditaría la intervención del firmante en el documento como "testador", es decir, como la persona que "asume" el contenido de ese negocio jurídico. Y en esta línea parece que la función de la firma así descrita tendría que ver más con el de "signo que comunica al escrito el carácter de negocio jurídico (testamento) acabado y perfecto" (LACRUZ) que, como elemento identificador, dado que la identificación vendría dada (fundamental o básicamente) por el escrito precedente[49].

En cualquier caso, de la comparación de ese "concepto ideológico" de firma con las finalidades que la firma puede cumplir, parece quede fuera de aquél la función de "acreditar que el firmante es el autor del contenido material, es decir, de la *literalización* contenida en el documento", lo que para el tema de este trabajo resulta del todo esencial. Y es que, en el *ológrafo*, la importancia de la firma no parece venga reducida a la "asunción" por quien lo firme del "contenido jurídico" del testamento, que también, sino a la "asunción" además de su "literalización", que ya no se trataría tanto del contenido jurídico sino del escrito como documento literalmente confeccionado o elaborado, del escrito en su dimensión puramente material, plasmado físicamente en el material que se considere (normalmente, papel).

---

persona a efectos de atribuirse la autoría de un escrito o el consentimiento de lo expuesto en el mismo, como muestra de aceptación".

49 LACRUZ BERDEJO., J. L: *"Derecho de Sucesiones"*, cit., p. 414.

8. LA LLAMADA FORMA "ADMISIBLE"

La denominación de "forma admisible", utilizada por GAMBÓN ALIX, me parece de interés en la medida en que trata de señalar los niveles mínimo y máximo, señalando el ámbito dentro de los cuales cabría hablar de *firma*. Se trataría de una línea delimitadora: qué haya de entenderse por firma y qué no haya de entenderse por tal. El punto de partida lo sería la firma completa rubricada. A partir del mismo, GAMBÓN se refiere a los siguientes escalones descendentes[50]:

a) Firma sin rubricar; b) Firma mal ortografiada; c) Firma con dos o un apellido; d) Firma con sólo el patronímico; e) Firma mediante expresión del título; f) Firma mediante el seudónimo; g) Firma con la sola expresión del vínculo familiar; h) Firma ilegible; i) Firma con sólo las iniciales; j) Firma con sólo la rúbrica; k) Firma con sólo un signo; l) Firma mediante huella dactilar, ll) Firma mediante sustitución por testigo; m) Firma con estampilla; n) Firma por procedimiento mecánico[51].

En síntesis: todas esas modalidades de *firma* recogidas anteriormente, ¿lo serían a los efectos de entender *firmado* por el testador un testamento ológrafo? Es evidente que la respuesta ha de ser negativa. ¿Qué decir por ejemplo de la firma *mediante huella dactilar,* o *mediante sustitución por testigo,* o con *estampilla,* o *mediante procedimiento mecánico*? La conclusión se impone: de concurrir cualquiera de ellas en el otorgamiento de un testamento ológrafo, este incurriría en nulidad radical por inobservancia de un requisito formal esencial, al carecer de firma[52]. Con el CC en la mano no cabe duda alguna.

---

50 GAMBÓN ALIX, G: "Reflexiones", cit., pp. 18-19.

51 GARCÍA MAYO, M: *El testamento ológrafo,* cit., pp. 63 y ss. y 150-152.

52 En cuanto a la firma *mediante huella dactilar,* "es sabido que las personas iletradas – afirma GAMBÓN ALIX: cit., pp. 30-31 – suelen utilizar este medio como sustitutivo de la firma caligráfica, que no

---

saben estampar. La importancia de la huella dactilar como elemento identificador se debe – añade el autor citado – por un lado, a que la estructura de las líneas papilares en la yema de los dedos es permanente desde el séptimo mes de vida intrauterina hasta la descomposición de los tejidos *post mortem*. Y por otro, a que es casi absolutamente distinta para cada individuo". Ello permitía concluir a este autor que la identificación por dactiloscopia es sin duda la más segura. Creo que, pese a la antigüedad en el tiempo de esta opinión, quizá siga presentando consistencia, aunque lógicamente los extraordinarios avances tecnológicos de nuestro tiempo la hayan disminuido con toda seguridad.

La absoluta imposibilidad de considerar como firma en el ológrafo la huella digital, definida por Torres García, T, como "firmar con el dedo", se argumenta enérgicamente por esta autora, arguyendo que una tal firma presupone que no se sabe firmar, "luego mal podrá haber escrito el testamento, luego contradice frontalmente la exigencia misma de la autografía de esta forma testamentaria", contradiciendo así los arts. 688, 2º, y el 691 CC. "Huella digital" y "firma" no se identifican, concluye esta autora. "Comentario", cit., p. 419.

En cuanto a la firma *mediante sustitución por testigo*, "interesa aquí el supuesto de que por quien no sabe o no puede firmar lo haga otra persona estando los dos presentes". Entendía Gambón que "el testigo o testigos no sustituyen propiamente con su firma la del imposibilitado, sino que lo que hacen es participar en el acto, pero no en función de su contenido, sino con una misión especial y muy concreta: dar testimonio de que el interesado no sabía o no podía firmar (e indirectamente, de que de no haber sido así hubiese firmado", cit., pp. 36-37.

Igualmente, para esta hipótesis, la posición unánime respecto del ológrafo es contundente: "La única persona que puede firmar – afirma Torres García, – es el testador. Además, quien no sabe firmar, mal podrá escribir, y si firma en su lugar otra persona, el testamento será nulo tanto por falta de autografía como por falta de firma"

Por cuanto se refiere a la firma *con estampilla*, "tiene este nombre – afirma Gambón Alix recogiendo a Alcubilla – el "sello que contiene en facsímil la firma de una persona". La frecuencia en el uso de la estampilla se conectaría por lo demás con dos circunstancias que en absoluto cuadran al *ológrafo*: repetición de documentos en número

considerable e intrascendencia jurídica de los mismos (por ejemplo, circulares de propaganda). Únase a lo anterior el dato de que no es posible saber si la operación de estampillar ha sido efectuada por aquél a quien correspondería hacerlo. En consecuencia, y al margen ya por completo del marco propio de la forma ológrafa de testar, "no puede decirse que la impronta de la estampilla equivalga a la firma, ni que un documento estampillado deba considerarse documento firmado" (GAMBÓN ALIX, G: "Reflexiones", cit., p. 38)
Si la firma en el ológrafo "ha de ser obra personal del testador" (TORRES GARCÍA, T), es obvio que ello no se da en la firma por medio de una estampilla, que ni sería obra personal del testador, ni sería autógrafa, y por ello no sería tampoco firma indubitada.
En cuanto a la firma *por procedimiento mecánico,* esta posibilidad abarcaría tanto la firma mecanografiada como la impresa. Al igual que ocurre con *la estampilla,* la impresión mecánica de firma no permite identificar al sujeto agente. La absoluta y total inaplicabilidad de esta a la forma ológrafa de testar es más que manifiesta: al igual que en el caso anterior, si la firma ha de ser obra personal del testador ello no se da ni en la forma mecanografiada, ni en la por procedimientos mecánicos, "aun cuando haya sido la mano del testador la que accionó el medio mecánico para su impresión" (TORRES GARCÍA, T). Al igual que en la firma *por estampilla,* también en la *forma mecanografiada, o por procedimientos mecánicos,* "la firma no es obra personal del testador, no es autógrafa, y por ello, no sería firma indubitada. En ellos, el testador no firma, sino solamente pone los medios por los que resultará designado. De otra parte, si en el ológrafo *todo el documento* ha de ser escrito por el testador, la firma ha de serlo igualmente" (TORRES GARCÍA, T).
De interés asimismo en cuanto a la exigencia de *autografía* para la firma clásica, calificando tal exigencia de "poco menos que intrínseca" para entender existente aquélla, TORRES LANA, J.A: "Forma del negocio y nuevas tecnologías", *Revista de Derecho Privado,* Julio-Agosto 2004, pp. 489 y ss. "Ello (la exigencia de autografía en la firma clásica) no deja de ser lógico, pues constituía la manera en que el firmante asumía el contenido de un texto; hasta hace muy poco tiempo, la única manera. De ahí el cuidado con que la firma se ha contemplado y regulado tanto en el Derecho histórico como en el vigente, no sólo respecto a los fedatarios, sino también en relación

El planteamiento anterior no parece resulte aplicable, con el mismo grado de seguridad y certeza, a aquellas modalidades de firma que en la enumeración de GAMBÓN ALIX preceden a las anteriores[53]. Y es que, dándose cualquiera de ellas en un ológrafo, al menos para un jurista principiante, la respuesta acerca de la validez o nulidad del testamento en tal caso se presentaría con mayor grado de duda. Así como en los casos anteriores, se estaba en condiciones de afirmar con toda seguridad la nulidad del testamento, en los que ahora toca considerar, la respuesta parece que no podría darse con carácter general, aplicable a todas las hipótesis, sino atendiendo ya a las circunstancias concretas de cada una. En cualquier caso, el problema

---

con los particulares. Ello es así, —a mi juicio — aunque no exista en el Código civil una obligación general impuesta a quien realiza un documento de firmarlo de su puño y letra. Jurídicamente – añade TORRES LANA, J.A – la firma es, pues, un mecanismo de imputación de declaraciones de voluntad o de ciencia, fundamentado en buena medida sobre la base personalista de la autografía, es decir, sobre la correlación admitida entre personalidad individual y escritura manuscrita. Por ello suele hablarse de inescindibilidad para designar esta relación entre la firma manuscrita y su autor". El autor añade no obstante que la cuestión planteada habría de sufrir un cambio sustancial con la creación de la firma electrónica; sobre todo, de su especie más avanzada, la conocida como firma digital. "Una y otras clases de firmas han nacido con la exclusiva pretensión de sustituir a la firma manuscrita, y de hacerlo con el mismo valor en determinados ámbitos" TORRES LANA, J.A, cit., pp. 512-513. Recientemente, ocupándose de la llamada firma biométrica, firma manuscrita sobre soporte digital, en la que se mantienen los rasgos caligráficos que permiten la posterior adveración del testamento, GARCÍA MAYO, M: *el testamento ológrafo*, cit., pp.150-151.

53 Me refiero a la "firma sin rubricar; firma mal ortografiada; firma con dos o con un apellido; firma con sólo el patronímico; firma mediante expresión del título; firma mediante el seudónimo; firma con la sola expresión del vínculo familiar; firma ilegible; firma con sólo las iniciales, firma con sólo la rúbrica; firma con sólo un signo".

de fondo con el que nos vamos a encontrar es el de la falta de plena coincidencia entre lo que el legislador considera firma *válida* en cuanto se refiere a la forma ológrafa de testar, y la consideración de lo que deba entenderse por *firma* fuera ya de ese ámbito testamentario, sumamente específico desde luego, representado por el testamento *ológrafo.*

8.1 Gradación ascendente hasta llegar a la "firma sin rubricar", con la que el autor citado comienza su enumeración

8.1.1 Firma mediante signo

El autor repetidamente citado señala con acierto que, a diferencia de la rúbrica, que es una parte de la firma, entendida esta palabra en sentido amplio, el signo manuscrito es, mejor que una parte, un sustitutivo de la firma o bien, como en el caso de los notarios, un complemento separado material e ideológicamente de la firma. Desde esta perspectiva, GAMBÓN señala que "cuando sólo hay un signo cabe decir que falta la firma", pero no obstante la cuestión a resolver, según el autor, es otra: la de si la firma puede ser sustituida válidamente por el signo, para lo cual resulta necesario distinguir dos supuestos[54]: el del signo que, por provenir de persona que sabe leer y escribir, supone la intención de suscribir el documento con su grafismo personal, aunque inexpresivo; y el del signo, generalmente tosco, que utilizan muchos analfabetos en los medios rurales creyendo que así cumplen la necesidad de firmar un escrito determinado.

---

54 Sigo en esto el amplio tratamiento de la cuestión por parte de GAMBÓN ALIX, G : "Reflexiones", cit., pp. 28 y ss.

Dejando ahora al margen el segundo de los supuestos, en cuanto al primero, el autor se inclina por su validez: "El signo presenta las mismas notas que la firma ilegible: significa la proyección gráfica de la personalidad del sujeto, su voluntad de participación en un acto y de que esta participación quede constatada; y, como defecto, la eventual dificultad — o imposibilidad – de identificación por si solo. Si la firma ilegible es válida y el signo contiene sus mismas notas positivas y negativas, la conclusión es que también debe admitirse la validez del signo. Con lo cual, — añadía este autor – queda obviado un grave inconveniente: el de la distinción, a veces muy imprecisa entre una cosa y otra"[55].

En cuanto a la aplicabilidad al ológrafo de lo que se acaba de decir, la conclusión se impone: el signo *no es* firma. En consecuencia, no siéndolo, mal podrá considerarse cumplido el requisito de *la firma* en dicha forma testamentaria cuando el testador haya firmado mediante signo.

8.1.2 Firma con sólo la rúbrica

La rúbrica, como su nombre indica, — señala GAMBÓN — debe ser algo que ratifique y dé vigor a la firma. Pero en la evolución histórica del aspecto gráfico de la firma, el proceso de abstracción que ha llevado desde la firma legible a la ilegible ha

---

55 GAMBÓN ALIX, G: "Reflexiones", cit., p. 29. En cualquier caso, el autor parte, como no podría ser de otra manera, de la existencia de esa distinción entre "firma ilegible" y "signo". Y es que la firma, aun siendo ilegible, sería firma, lo que no cabría decir del "signo". La diferencia, en su opinión, se hallaría en la idea creadora. "Mientras que la firma ilegible surge como resultado de un proceso de simplificación y en ella podrían descubrirse, al menos por el interesado, rasgos sincopados de sus menciones de identidad, el signo nace por un acto expreso de voluntad y no es espontáneo sino reflexivo", cit., p. 29, nota 78.

alcanzado extremos en que se hace difícil distinguir esta última de lo que podría ser una rúbrica más o menos estilizada. La validez de la rúbrica, puesta en función de firma, es una consecuencia directa de esta similitud; las razones de admisibilidad de la firma ilegible son en sustancia aplicables a la rúbrica[56].

Me parece pues que el problema de *la rúbrica* (que tendrá que ser considerado en otro lugar), tenga mucho que ver con esa doble circunstancia que, alternativamente, puede darse en la rúbrica: presentarse *en sí misma* como *firma,* identificándose así plenamente con ella, cuando el sujeto firma documentos simplemente rubricándolos, mientras que en otros casos, *la rúbrica* (lejos de alcanzar esa identificación total con la firma) se presente como *un elemento de aquélla*[57], ratificándola y dándole vigor, como apuntaba GAMBÓN.

El tratamiento más detenido de la cuestión en cuanto al *ológrafo* no es de aquí, pero evidentemente tiene mucho que ver con la de admitir, o no, para aquél esa posibilidad de identificación, plena y total, entre *firma* y *rúbrica,* de manera que se entendiese cumplido válidamente el requisito de *la firma* cuando el

---

[56] GAMBÓN ALIX, G: "Reflexiones", cit., p. 28

[57] Muy significativa desde luego, y en la línea que se acaba de apuntar, la posición de LASARTE ÁLVAREZ, C:", *Principios,* cit., pp. 65-66, quien, ocupándose del testamento ológrafo, trata esta cuestión bajo la denominación *"firma o rúbrica"*, considerando así que, en la denominada *firma habitual,* "primarán en algunos casos los elementos propios de la firma y, por el contrario, en otros supuestos, adquirirán mayor relevancia los rasgos o trazos propios de la rúbrica". No parece desacertado inferir de lo anterior la posibilidad de que *la firma* y *la rúbrica* puedan identificarse por completo, de modo que el sujeto *firme* el documento simplemente *rubricándolo.* Con todo, la posición de LASARTE no es favorable a una tal identificación: "En términos generales – afirma ... ha de reclamarse la utilización de la firma y rúbrica habituales en el testador".

testamento apareciere simplemente *rubricado* por el testador[58], y, naturalmente, no cupieren dudas acerca de que esa *rúbrica* lo es del testador, por ser la que *de modo habitual* usare él en la suscripción de sus documentos de mayor importancia[59].

Si se parte, como parece acertado, de la no identificación entre firma y rúbrica, y no se considera por tanto como rúbrica la firma propia de un determinado sujeto, se desemboca en considerar como rúbrica "los rasgos o conjunto de rasgos que acompañan a la firma o que forman parte de la misma", y a su vez, tomando la rúbrica en esta segunda acepción, la rúbrica cumpliría la función de "ratificar o dar pleno valor a lo que se ha firmado"[60].

---

58 Lo que es bien distinto por supuesto de que apareciere *firmado y rubricado.*

59 Más seguro resulta desde luego en línea de principio inclinarse por la no identificación entre "firma" y "rúbrica". Desde esta perspectiva, la rúbrica no es firma, no se identifica con ella, por cuanto la rúbrica no sería sino un elemento o una característica de la firma. Por tanto, una cosa es que la firma pueda ser valida sin rúbrica, y otra bien distinta que quepa admitir que la rúbrica en sí misma, sin firma, pueda considerarse como firma. Piénsese que la rúbrica consiste en un simple signo gráfico, que no incluye nombre, ni apellidos o apellido, por lo cual y respecto a la firma del ológrafo, parece con mucha opinión más segura la de la no validez de un ológrafo en el que la firma del testador venga limitada a haber estampado su rúbrica en él. En contra, ESPINO BERMELL: *El testamento,* cit., p. 169.

60 ESPINO, *El testamento,* cit., p. 170. En línea de principio, no cabe estar de acuerdo con el planteamiento del autor al respecto: "Es bien seguro que cualquier firma incluso formada sólo por la rúbrica es plenamente válida si no plantea problemas de identificación del causante en la fase de adveración". Quizá el único temperante a cuyo tenor cabría plantear un criterio diferente sería el de la *habitualidad*; es decir un testador que, habitualmente, suscribiera sus documentos (inclusive los jurídicamente importantes o relevantes con su sola *rúbrica.* Y aún en este caso, no parece desaparecerían por completo las dudas en cuanto a la validez de un testamento ológrafo

Aunque el tema sea de otro lugar, parece al menos que un sector de la doctrina más reciente camina, aunque con reservas, en el sentido de admitir de algún modo esa "plena identificación" a la que se ha hecho referencia.

8.1.3 Firma con sólo las iniciales

Si por firma se entiende la expresión entera y completa del nombre, resulta del todo imposible atribuir valor de firma a la sola expresión de las iniciales. No obstante, de no considerarse consustancial a la firma la expresión gráfica del nombre o de los apellidos, y si lo importante de la firma es su capacidad para garantizar la intervención del sujeto en el acto, y si, además, esto se puede conseguir con la firma ilegible, "mejor aún — afirma GAMBÓN— con las iniciales, que por lo que representan sugieren muchas veces la identidad del sujeto". En todo caso, a su juicio, las dificultades de identificación darán lugar a problemas de hecho y no de derecho[61]

Aunque el análisis concreto de la cuestión no es de aquí, la validez o no de la firma con sólo las iniciales en lo que al ológrafo se refiere, no es del todo pacífica en la doctrina. Habrá lugar, como he dicho, de referirse a ello, pero por de pronto, llama la atención que un autor de la talla de LACRUZ califique de "sentido liberal muy razonable" el tratamiento de la jurisprudencia francesa a la firma en el ológrafo: "Si la firma es seria y viene usada con cierta normalidad, — afirmaba — basta el

---

así firmado. ¿Era esta la concepción que de la *firma* tuvo presente el legislador del CC en 1889? ¿Es defendible el tratar de llegar a un "concepto" de *firma* tan radicalmente distinto del que tuvo presente el legislador? La interpretación de una norma, ¿puede conducir a un resultado que venga a situarse en las antípodas del que el legislador tuvo presente en el tiempo de la promulgación de aquella?

61 GAMBÓN ALIX, G: "Reflexiones", cit., pp. 27-28.

nombre de pila o el seudónimo; *incluso simples iniciales,* como es usual en el episcopado, si bien en los casos contemplados por la jurisprudencia se había añadido el título"[62]. Con lo cual queda un tanto en el aire la cuestión central: la de si cabría considerar firmado un testamento ológrafo cuando sólo consten las iniciales[63]. La respuesta negativa parece más probable, por cuanto no existiría *firma,* aunque sí unos datos que, aun cuando siendo quizá suficientes en orden a la identificación del sujeto, no serían sin embargo la *firma* exigida por el CC.

8.1.4 Firma ilegible

Opina Gambón siguiendo a Escobar que las firmas de esta clase son consideradas válidas ordinariamente, y añade algo acerca de la necesidad de distinguir entre ilegibilidad normal[64] y anormal. En cuanto a la primera, se inclina por entender que "la firma usualmente ilegible es eficaz, pues no hay que confundir ilegibilidad con inexpresividad". Es más, en tal caso,

---

62 Lacruz Berdejo, J. L: "Derecho de Sucesiones", cit., p. 414.

63 Manifestándose recientemente de modo categórico en contra de tal posibilidad, García Cantero, G: "Testamento Ológrafo ", cit., p. 1234. "Me parece innecesario argumentar – afirma – que no puede considerarse firmado el testamento ológrafo en el que se hace constar exclusivamente las meras iniciales del nombre". Comparto este punto de vista.

64 Son de interés las consideraciones que recoge Gambón Alix, G, acerca de las razones de que cada día sea más frecuente esa "ilegibilidad" que él llama "normal", y que en su opinión se centran, de una parte, en la necesidad para muchas personas de estampar gran cantidad de firmas que, por tanto, se han de poner velozmente; de otra, en una "cierta derivación del sentido estético que rehúye el clasicismo caligráfico hacia formas más abstractas y a la vez más personales. Antes era la rúbrica el lugar donde el subjetivismo encontraba su campo de expansión; ahora alcanza a la firma". Loc cit., p. 27, nota 73.

el autor citado entendía que "siempre se cumplirá el cometido fundamental de asegurar la ocurrida participación del sujeto en el acto, con mayor rigor por lo general, incluso, que, en la firma legible, ya que la ilegible es el resultado de un proceso de simplificación cuyas raíces están ancladas en los estratos profundos de la psicología y el temperamento del individuo"[65].

8.1.5 Firma con la sola expresión del vínculo familiar

El supuesto al que ahora se hace referencia es aquél en que quien suscribe un escrito (en nuestro caso, un testamento ológrafo) lo haga con la simple alusión al parentesco que le liga al destinatario o al sujeto al que se viene refiriendo. Como, por ejemplo, "tu hermano", "tu padre"[66].

Alude GAMBÓN al tratamiento de la cuestión en la jurisprudencia de algunos países precisamente con referencia al testamento ológrafo. "En Italia, el Tribunal de Casación declaró válido el testamento ológrafo con la firma "affmo marito e padre", fundándose en la costumbre del finado de firmar así las cartas dirigidas a sus familiares. El fallo mereció un comentario favorable de BERTOLÁ[67], con apoyo en que la prueba del ánimo de testar resultará del contenido de la misiva, a lo que replicaba GAMBÓN, sin duda con acierto, que en todos los países es requisito formal de este tipo de testamentos (los ológrafos, se entiende) no ya el *animus* esencial, sino la escritura manuscrita y la firma del interesado, requisito el último que no puede entenderse cumplido con la sola expresión del vínculo familiar.

---

65 GAMBÓN ALIX, G: "Reflexiones", cit., p. 27

66 La descripción del supuesto está tomada de GAMBÓN ALIX, loc. cit., p. 26.

67 BERTOLÁ SORIANO, A: *RevueTrimestrelle de Droit Civil, 1931, p. 1020.* La cita es de GAMBÓN ALIX, loc. cit., p. 26, nota 70.

Por el contrario, el Tribunal de Apelación de Berlín negó validez a un testamento de igual clase suscrito con las palabras "vuestra madre"

Ante estas dos posiciones opuestas, ¿Cuál es el punto de vista de GAMBÓN?: inclinarse por el criterio del tribunal italiano. ¿Con qué apoyos?: "se produce la sustitución del nombre por la indicación de un especial *status* (aunque de diversa índole) que identifica a su titular. Y se añade a este efecto una presunción de asumir las responsabilidades inherentes a la participación en un acto jurídico determinado. Por consiguiente, — concluía GAMBÓN — y habida cuenta del principio de libertad de forma, que excluye la exigencia de habitualidad o repetición, estimo más acertada la tesis de la sentencia romana que la de Berlín"[68].

8.1.6 Firma mediante expresión del seudónimo

Señalaba acertadamente GAMBÓN que la existencia de *seudónimo* no puede entenderse producida por el mero hecho del empleo ocasional de un nombre, apodo, etc., distinto del legítimo. "Es preciso – añadía – que el nombre creado al margen del Derecho positivo (lo cual no quiere decir en contra) quede incorporado al sujeto o, si se prefiere, que sea emanación suya. Es menester que entre el nombre y el hombre exista cierta fusión y, por ende, "confusión"; que sea una situación y no un acto y, por lo mismo, que haya habitualidad"[69]. Esta habitualidad demostrará precisamente la existencia del seudónimo como tal. "Y *a fortiori* la voluntad de firmar. Por lo cual, – concluye el autor citado – entiendo debe admitirse como válida la firma mediante seudónimo"[70].

---

68 GAMBÓN ALIX, G:" Reflexiones", cit., pp. 26-27.

69 GAMBÓN ALIX, G:" Reflexiones", cit., pp. 25-26

70 GAMBÓN ALIX, G: "Reflexiones", cit., p. 26.

En principio, la *firma* utilizada por el testador en el ológrafo deberá ser la habitual y, desde luego, hay que reconocer – como afirmaba GAMBÓN – que en la hipótesis del *seudónimo* la habitualidad cobra una importancia especial, dando lugar a esa "fusión", o "confusión", a la que se hacía referencia anteriormente.

Se tiene así la impresión de que, entre *seudónimo* y *firma,* existiría una coincidencia esencial o fundamental, la de la habitualidad, pero ¿bastaría lo anterior para concluir que nos hallamos ante términos intercambiables, y, por tanto, para entender que el testador pudiera servirse indistintamente del *seudónimo* o de la *firma,* dándose por cumplido (en uno y otro caso) el requisito de *la firma* del testamento? Me parece que la respuesta deba ser negativa[71].

---

[71] En la doctrina civil, los puntos de vista no son del todo coincidentes. Me limito aquí a señalar que mientras para. LACRUZ el empleo del seudónimo podría bastar para entender cumplido el requisito de la firma, el parecer de GARCÍA CANTERO es contrario a tal posibilidad. LACRUZ no duda en calificar de "muy razonable y liberal" el tratamiento de este requisito por parte de la jurisprudencia francesa. "Si la firma es seria y viene usada con cierta normalidad, basta el nombre de pila o el seudónimo"., *Derecho de Sucesiones,* cit., p. 414. No hay sin embargo un posicionamiento claro de LACRUZ acerca de la suficiencia del *seudónimo* como *firma* del testador, "debe bastar – precisaba – cualquiera que sea firma *suya* e indiscutiblemente haya sido trazada con el ánimo de hacer definitivo y operante lo escrito. Con todo, —concluía – probablemente, no podría ser considerada como *firma,* a los efectos del art. 688, la expresión de una situación familiar, como las palabras "tu padre", "tu esposa". De lo que quizá cabría concluir que, para LACRUZ, el valor del *seudónimo* como *firma* se colocaría en un escalón superior al de la simple expresión de esa situación familiar: ésta no constituiría *firma,* el *seudónimo* sí.

"Me parece innecesario argumentar – sostiene GARCÍA CANTERO — que no podrá considerarse firmado el testamento ológrafo en el que se hace constar exclusivamente el seudónimo o apodo", cit., p. 1234.

8.1.7 Firma mediante expresión del título

El planteamiento general que de este supuesto lleva a cabo Gambón deja fuera (con buen criterio) el supuesto de la forma ológrafa de testar. "No creo que ni siquiera sea precisa – afirma – la nota de habitualidad. Lo importante es que la producción de la firma, en cuanto cuestión de hecho, se pueda imputar sin duda a persona determinada y que no quepa vacilar acerca de que su puesta se hizo con voluntad de demostrar la participación del sujeto en el acto, esto es, con voluntad de firmar". En conclusión: "la libertad de forma en materia de documentos y, en particular, respecto al dato de su suscripción sostiene el criterio de validez de la firma-título"[72].

Si del planteamiento general se pasa al propio del testamento ológrafo, el parecer general desde luego es el de la insuficiencia[73] de la *firma-título* para la validez de aquél, aunque quizá la respuesta no debiera ser la misma para el caso en el que el testador hace constar, exclusivamente, el título nobiliario que ostenta, de aquél otro en el que se utilizaren iniciales con adición del título[74].

---

72 Gambón Alix, G: "Reflexiones", cit., pp. 24-25.

73 En este sentido, sin duda alguna. García Cantero, G: "El testamento Ológrafo, cit., p. 1234, aludiendo a lo innecesario de argumentar acerca de que no pueda considerarse firmado el testamento ológrafo en el que se haga constar exclusivamente el título nobiliario que se ostenta.

74 Lacruz: *Derecho de Sucesiones*, cit., p. 414, aludía, si bien con referencia a casos contemplados por la jurisprudencia francesa, a la suficiencia en orden a la firma del testamento del empleo de las "simples iniciales, como es usual en el episcopado, si bien en los casos contemplados por la jurisprudencia se había añadido el título".

8.1.8 Firma con sólo el patronímico

Es notable que esta posibilidad haya dado lugar a conocidas controversias, pero la razón hay que buscarla – afirmaba GAMBÓN – en el derecho de testar en forma ológrafa y en la utilización de tal forma testamentaria por gentes sencillas[75].

En la doctrina española más clásica, MANRESA opinaba que la firma debe constar del nombre y un apellido cuando menos, si bien cabe el uso del solo nombre en las relaciones familiares[76].

Es obligado hacer referencia aquí, aunque la cuestión deberá ser analizada con más detenimiento en otro lugar de este trabajo, que es precisamente el problema de la firma *con sólo el patronímico* el que habría de dar lugar en nuestra jurisprudencia a dos fallos de nuestro TS, los dos sobradamente conocidos y en sentido aparentemente contradictorio[77].

Como criterio general, y por tanto sin llevar a cabo una consideración específica de la cuestión en el ológrafo, GAMBÓN se inclinaba por la posibilidad de admitir la firma consistente en el sólo nombre de pila del suscriptor[78].

---

75 GAMBÓN ALIX, G: "Reflexiones", cit., p. 21.

76 El parecer expuesto lo recoge GAMBÓN ALIX, G: "Reflexiones" cit., p. 22 y nota 58.

77 Me refiero (casi resulta innecesario hacerlo) a las SSTS de 16 de octubre de 1918, y 5 enero de 1924.

78 Aun con todo, el autor citado alude a la necesidad de distinguir y, por tanto, de no confundir los conceptos de *firma válida* y *firma usual*. Aunque la referencia al tema deba quedar para después, diríase que mientras en el fallo de 1918 el uso del nombre de pila se consideró forma *valida* precisamente porque, a lo que parece, la testadora firmaba así *habitualmente,* en el de 1924, la solución contraria trató de fundamentarse precisamente en la falta de *habitualidad* en el empleo del solo nombre de pila.

A mi juicio, e insisto, adelantando alguna idea de otro lugar, una cosa es que la firma deba constar normalmente del nombre de pila y, al menos, de un apellido, y otra la posibilidad de que, para el ológrafo, el sólo empleo del nombre de pila pueda constituir una forma válida de firmar, haciendo entonces entrar en juego otros criterios, como el de la *habitualidad*, criterio este que, al parecer, resultó determinante en los dos antiguos fallos a que he hecho referencia.

Con apoyo en lo que acabo de decir, no parece quepa compartir el punto de vista de Torres García para quien "al no indicarse nada sobre cómo deber ser la forma de la firma en el testamento ológrafo, ésta es una de las que pueden ser tenidas como válidas. Sirva de ejemplo la sentencia de 8 de junio de 1918"[79].

En definitiva, esa afirmación de Torres García tan sumamente llamativa, y difícil de compartir, debería haber sido seguida de inmediato de su verdadera justificación, el criterio de la habitualidad, al que lógicamente recurre después la autora citada, haciendo así entendible su sorprendente afirmación inicial[80].

Espino Bermell, tras aludir a los riesgos e inconvenientes consecuentes a pretender conocer quien ha firmado un documento sólo con el nombre patronímico con que se conoce a una persona, "ya que, obviamente, puede ser utilizado por muchas personas, incluso dentro y más aún de una misma familia, por la ancestral costumbre de poner el mismo nombre de parientes ascendientes", concluye sin embargo afirmando la perfecta validez de una firma así estampada, ya que el CC

---

79 Torres García, T., "Comentario", cit., p. 421.

80 Torres García, T: "Comentario", cit., p. 423

no exige más que el hecho de la necesidad de que conste la firma en el escrito testamentario[81].

8.1.9 Firma con dos o un apellido

Siguiendo a GIMÉNEZ ARNAU, la llamada "media firma" es aquélla que consta sólo de los apellidos del firmante, ya de uno solo o de los dos, ofreciendo desde luego mayores garantías de identificación de su autor si se ponen los dos apellidos que uno solo, pero con las dificultades que pueden presentarse, teniendo en cuenta que existe un círculo de personas que tienen los mismos apellidos, el cual se ampliaría si se firmara solamente con el primero de ellos[82].

---

81 ESPINO BERMELL , C: *El testamento ológrafo.* cit., pp. 167-168.

82 TORRES GARCÍA, T: "Comentario", cit., p. 421. Una descripción confusa de que haya que entender por "media firma", la de ESPINO BERMELL, C: *El testamento,* cit., p. 168, "la limitada al apellido generalmente, aunque también podríamos entender que sería ésta la que consta con las iniciales o la que de alguna forma consta estampada con alguna caligrafía alusiva del nombre o apellidos del firmante, con exclusión del nombre de pila, y que se pone en los documentos públicos de mero trámite o en todas las hojas de algunos escritos, menos en la última, donde se pone entonces la firma completa".
En la argumentación de ESPINO parece se detecte un cierto grado de confusión. De una parte, este autor afirma que muchas personas tienen tres firmas: la formal y completa para un documento importante, como podría ser al otorgar un testamento ológrafo; la informal para documentos de rutina y para la correspondencia personal; y el desmañado garabato para el cartero, el mensajero, el repartidor y tal vez algún autógrafo personal; de otra parte, "en cuanto a lo que podemos denominar "firma entera" es la compuesta por el nombre y apellido, o nombre y apellidos. . ." (*El testamento,* cit., pp. 168-169). Si la formal o completa se supone hay que identificarla con la "entera", ¿Cuál sería el contenido de la firma "informal"?

¿Qué cabría adelantar aquí en cuanto a su validez en general? "Si la firma sirve – afirmaba Gambón — para acreditar la participación en el acto; si no existen reglas que predeterminen la extensión de su contenido gráfico, si lo importante es, por ende, su capacidad identificadora, es claro que la expresión del apellido es firma, vaya o no acompañada del patronímico (salvo que pueda inferirse de las circunstancias del caso que su discordancia con el modo habitual del sujeto responde a la ausencia de la voluntad de firmar). En suma, la abreviación de la firma carece de importancia si es habitual. De no serlo, podrá constituir un hecho indiciario, pero no necesariamente algo por fuerza ineficaz"[83] .

Mientras Torres García se refiere a la falta de indicación alguna acerca de cómo deba ser la firma en el ológrafo, Gambón lo hacía a la "inexistencia de reglas que predeterminen la extensión de su contenido". El alcance de ambas formulaciones es idéntico. Y por ello no cabe compartirlas. La cuestión no parece pueda venir dada ni por esa falta de indicación acerca de cómo deba ser la firma, ni por la inexistencia de reglas que predeterminen su contenido.

Tratemos de situarnos imaginariamente en la mente de los autores del Código civil, y, en concreto, en la de los redactores del 688: "Para que sea válido este testamento deberá estar escrito todo él y firmado por el testador, ..." (art. 688. 2). ¿Cabe duda de que el alcance, el sentido, la significación misma, que esos redactores quisieron atribuir al término *firma* no podía ser otro sino el que tuviere en el lenguaje ordinario? Y en tal caso, ¿resultaría lógico pensar en fórmulas "raras", "inhabituales" o "poco usuales" de firmar, entendiendo por tales, por ejemplo, la utilización del solo nombre de pila, o de un único apellido, o el título nobiliario, o el apodo? La remisión parece haya

---

83 Gambón Alix, G: "Reflexiones, cit., pp. 20-21.

de entenderse hecha al concepto o noción "normal" de firma (nombre y apellidos, al menos uno de ellos).

Si esto es así, al menos así me lo parece, se impone llegar a la conclusión de que la admisión como validas de esas otras formas de firmar que, de alguna manera, se apartan de lo que cabe entender por tal, necesariamente deberá fundamentarse en el *criterio de la habitualidad*, o si se quiere, en el del *modo habitual de firmar*. Lo que necesariamente lleva a una figura, la de *firma habitual*, que ni es legal, ni aparece configurada legalmente, ni quizá intuida siquiera por los redactores del Código, pero que efectivamente es la que conviene acoger para que el testamento ológrafo se entienda firmado[84].

Ahora bien, ¿habitualidad de la firma y semejanza estrecha con las precedentes, serían expresiones con idéntico significado? Parece se imponga la respuesta afirmativa.

8.1.10 Firma mal ortografiada

Ninguna duda razonable puede existir acerca de que "la firma con ortografía defectuosa" (en expresión de GAMBÓN) no es en sí nula. Este autor, con apoyo en algún fallo de la jurisprudencia francesa, se inclina por defender la validez de aquella "incluso aun cuando sea difícil explicar la incorrección porque las demás (firmas) sean correctas". Con todo, estoy de acuerdo con el punto de vista del autor, en el sentido de que esa defensa de la validez de la firma mal ortografiada, dependerá muy mucho de que no haya en el caso concreto de que se trate ninguna duda sobre la pertenencia de la firma al presunto testador ni – y esto es muy importante – sobre su voluntad de testar y de firmar, lo que él deduce de la circunstancia de

84 En este sentido, TORRES GARCÍA, T: "Comentario.", cit., p. 423.

que "sobreviviera varios años sin realizar ningún acto contrario al testamento, lo que inducía su intención de mantenerlo"[85].

Con todo, la firma mal ortografiada contenida en un testamento ológrafo de quien habitualmente hubiere venido escribiendo con total corrección aquella, quizá pudiera ser indicio de falta de voluntad de testar; de otra parte, el grado de nivel cultural del sujeto de que se trate podría jugar aquí en un sentido, o en otro, en cuanto al alcance mismo que debiera atribuirse a esa firma mal ortografiada.

8.1.11 Firma sin rubricar

"Se trata de saber – afirma GAMBÓN– si la rúbrica es o no un elemento esencial". A su juicio, la rúbrica cabría definirla como "un rasgo complementario de la firma y característico de cada sujeto – pues en otro caso no tendría contenido individualizador y carecería de sentido"[86].

Quizá la conexión entre "rúbrica" y "firma", por cuanto al testamento ológrafo se refiere, me parece haya que situarla precisamente en esa "mayor subjetivización" de la firma cuando esta viene rubricada. En consecuencia, aun no siendo la rúbrica un requisito de la firma, puesto que no todas las firmas la llevan, es innegable que el problema que plantea, de importancia desde luego por cuanto a la forma ológrafa de testar se refiere, es una cuestión de hecho: "la que plantea su falta (la de la rúbrica, se entiende) cuando el firmante la empleare habitualmente", supuesto en el cual la cuestión a resolver será la de si "tal defecto permita opinar racionalmente que el sujeto no

---

85 GAMBÓN ALIX, G: "Reflexiones", cit., p. 20.

86 GAMBÓN ALIX, G: "Reflexiones", cit., pp. 18-19. El autor señala como origen etimológico del vocablo el término "rubor, onis", indicativo del color rojo; y señala como procedencia los códigos miniados.

se propuso firmar. Cuestión *de facto* que variará conforme a las circunstancias de cada caso y que deberá resolverse *a posteriori* por el Tribunal competente"[87].

---

87 GAMBÓN ALIX, G: "Reflexiones", cit., pp. 19-20.

Capítulo II

Hacia una noción de firma en el testamento ológrafo

1. CONSIDERACIÓN GENERAL

En el capítulo anterior se ha abordado la problemática de *la firma* en un marco general. Es verdad que esas consideraciones, aun tratando que fueren efectivamente generales, en ocasiones han rozado de alguna manera el campo más concreto de *la firma* en el ológrafo, pero aun así el propósito era el de mantenerlas de alguna manera separadas de las cuestiones y problemas que el tema de *la firma* plantea cuando viene referido, ya de manera específica, a la forma ológrafa de testar. Resulta ahora necesario tratar de descender de ese plano general al plano concreto, que no es sino el resultado de situar el tema, o el problema, de *la firma* en el marco propio y específico de esta forma de testar, forma testamentaria que sigue presentando varios aspectos de interés para el análisis del jurista[88].

---

[88] Interés que de alguna manera viene puesto de manifiesto por la circunstancia de no tratarse el ológrafo de una forma testamentaria carente de atención en la reciente bibliografía de Derecho civil. El testamento ológrafo sigue atrayendo, y mucho, la atención de los especialistas en Derecho de sucesiones por causa de muerte, e incluso entre quienes no lo son. Evidentemente sin propósito exhaustivo, entre las más recientes, las aportaciones de DIAZ ALABART, S: *El testamento,* cit., aportación está en la que si bien el tema central viene dado por el testamento ológrafo de personas mayores dependientes, aborda además la problemática general de esta modalidad testamentaria; de otro lado, la debatida cuestión de la posibilidad

de que puedan testar en forma ológrafa personas que escriben con la boca o con el pie, ha dado lugar asimismo a que esta forma testamentaria atraiga la atención de quienes, lejos del marco específico del Derecho sucesorio, en el marco del trabajos social, se han ocupado en concreto de este problema, así, entre otras aportaciones, ROSA PEÑASCO, *El testamento ológrafo otorgado por personas que escriben con la boca o con el pie,* Madrid, 2018, Dykinson; y volviendo de nuevo al marco propio del Derecho sucesorio del Código civil, las aportaciones de GARCÍA CANTERO, G:, "Testamento ológrafo:",cit., pp. 1291 y ss. LASARTE ÁLVAREZ, C.:" *Derecho de sucesiones",* cit., pp. 65 y ss. con especial atención a los problemas que suscita la firma en el ológrafo, y a la más reciente jurisprudencia sobre el tema; MORETÓN SANZ, M. F., "La firma habitual y usual en los testamentos ológrafos: cuestiones sobre la firma habitual o de *"mano propia"* como requisito de validez"., en *Revista Crítica de Derecho Inmobiliario,* núm. 727, 2011, pp. 2857 y ss. SAN SEGUNDO MANUEL, R: "El testamento ológrafo. Exigencias de carácter formal. La importancia del medio utilizado como soporte material del testamento ológrafo y su relación con la intención de testar" en *Revista Crítica de Derecho Inmobiliario, núm,705,* febrero 2008, pp. 411 y ss. Ocupándose asimismo de algunos problemas actuales de esta forma testamentaria, TORAL LARA,.E: "Presente, pasado y futuro del testamento ológrafo"., en *Estudios de Derecho de Sucesiones. Liber Amicorum Torres García, T,* dirección DOMINGUEZ LUELMO, ANDRÉS y GARCÍA RUBIO M.P. Coordinación HERRERO OVIEDO, M, La Ley, Madrid, 2014, pp. 1383 y ss.

Lógicamente, la referencia a TORRES GARCÍA T , es de sobra obligada, siquiera quede más lejana en el tiempo. Cfr, por todas sus aportaciones en esta materia, "Comentario al artículo 688 del Código Civil", cit. Asimismo, entre las aportaciones recientes, ESPINO BERMELL, C: "La identificación del testador en los testamentos comunes regulados en el CC español. Especial estudio en el testamento ológrafo", *RGLJ 1/2016; El testamento ológrafo. La importancia de la escritura y la firma del testador. El cotejo pericial de letras (La prueba caligráfica),* Ed. ucoPress, Córdoba, 2016: *El testamento ológrafo: Su adveración y protocolización,* Reus, Madrid, 2017; MARTÍNEZ ORTEGA, J.C Y RODRÍGUEZ DOMÍNGUEZ, R: *El testamento y la herencia,* Bosch, Barcelona, 2023; O´CALLAGHAN MUÑÓZ, J: *Herencia, heredero y testamento,* La Ley, Madrid, 2021; BOSCÁ BERGA, H: *El testamento ológrafo,* Editorial

2. LA IMPORTANCIA DE LA FIRMA EN LOS NEGOCIOS JURÍDICOS

Recogiendo un parecer unánime, que subraya ALBALADEJO, señala TORRES GARCÍA que "en todos los negocios jurídicos que requieren para su eficacia la forma escrita como requisito *Ad solemnitatem,* la firma es siempre un presupuesto imprescindible para la existencia del acto, lo que sucede es que en nuestro Código civil sólo se hace mención de esta exigencia de manera expresa al regular las diversas formas testamentarias, tanto si éstas adoptan la forma de documento privado, (como el testamento ológrafo), como si la elegida es el documento público"[89].

3. PROBLEMÁTICA GENERAL DE LA FIRMA, Y CARÁCTER *ESPECÍFICO* DE AQUELLA TRATÁNDOSE DEL *TESTAMENTO OLÓGRAFO*

Quizá por tratarse de una noción (la de *firma*) fácilmente intuible (lo que parece haya que conectar con su misma importancia), el legislador no ha sentido la necesidad ni de dar un concepto de qué deba entenderse por *firma,* ni en qué haya de consistir aquella, razón por la cual ha parecido necesario, y oportuno, dedicar el capítulo anterior de este trabajo al análisis de *la firma* en general y a las relaciones entre *firma* y *documento.*

De otro lado, importa señalar la singular importancia que presenta *la firma* cuando del testamento ológrafo se trata, muy

---

Pre-Textos, Madrid, 2008; GARCÍA MAYO, M: *El testamento ológrafo* cit., con extensa argumentación en favor de la admisibilidad del testamento ológrafo electrónico. BARRIO GALLARDO, A: "Testamento ológrafo en el contexto de la pandemia Covid 19", *RDP,* 2021.

89 TORRES GARCÍA, T: "Comentario", cit., p. 415.

superior desde luego a la que aquella reviste en otras formas testamentarias, comunes y especiales. Como señala GARCÍA CANTERO : "Mientras que para el abierto y el cerrado admite la ley – en algunos casos – que no estén firmados por el testador (supuestos todavía no insólitos de testador analfabeto, o de discapacitado carente por accidente de extremidades superiores, o de invidente de nacimiento que no sabe escribir, y también, todavía con mayor razón, en algunos testamentos otorgados en circunstancias especiales, o en algunos otros que el Código denomina especiales)", las salvedades que para tales casos adopta el legislador del Código, "no rigen y resultan inaplicables para el ológrafo que imperativamente ha de estar firmado por el testador (art. 688, párr. 2°), exigencia que el *sensus commune* de la sociedad española así lo ha entendido y practicado desde la promulgación del CC"[90].

En este sentido, compartiendo por lo demás un parecer indiscutido e indiscutible en la jurisprudencia y en la doctrina,

---

[90] GARCÍA CANTERO, G: "El testamento Ológrafo", cit., pp. 1230-1231. Las salvedades a que se refiere el autor citado y que por razones de extensión prefiero recoger en nota, son las siguientes: "el art´695, párrafo segundo, alude a "si el testador declara – en el abierto –que no sabe o no puede firmar", y en el art. 706, par 4° — en el cerrado – que "cuando el testador no sepa o no pueda firmar, lo hará a su ruego al pie y en todas las hojas otra persona, expresando la causa de la imposibilidad". En cuanto a los testamentos otorgados en circunstancias especiales, "el art. 702 relativo a los otorgados en tiempo de epidemia o en peligro inminente de muerte, respecto de los cuales dispone que "se escribirá el testamento – y se presupone que podrá firmarse – siendo posible". Tratándose de aquellos testamentos que el Código denomina especiales, las salvedades a que alude el autor citado se refieren al "testamento militar y al marítimo – abiertos o cerrados —, incluyendo el otorgado durante una batalla, asalto, combate, y generalmente en todo peligro próximo de acción de guerra, regulado por el art. 719, de la forma más esquemática y simple posible, pues se otorga "de palabra ante dos testigos".

concluye el autor citado que un testamento ológrafo sin firma "carece de todo valor jurídico; a lo sumo puede constituir el borrador, esbozo o proyecto de un futuro testamento (que puede entregarse al oficial del notario para que redacte uno abierto, o bien que sin determinación de tiempo anticipe o preludie otro ológrafo del mismo autor"[91].

Dejando ahora al margen la cuestión acerca del preciso alcance identificativo del testador que quepa atribuir a la firma en el testamento ológrafo, cabe afirmar que al margen de cuál sea ese alcance, como se acaba de decir, la firma "completa", "contribuye", a tal identificación, lo que vendría reforzado en alguna medida por la circunstancia de que el texto mismo en este tipo de testamentos habitualmente suele ser breve, por lo que el valor identificativo de la firma es innegable que colabora a identificar al causante[92]. Sobre la esencialidad de aquella en el ológrafo, se ha afirmado que "la firma es el alma de todo instrumento, sin ella el testamento ológrafo no pasaría de ser un proyecto de testamento"[93].

En cualquier caso, como se ha dicho, el legislador guarda silencio respecto de qué haya de entenderse por firma, ni en qué deba consistir aquella cuando del ológrafo se trata. Ese silencio parece deba encontrar alguna justificación, que Torres García achaca ya a tratarse de un concepto que "el legislador da por sabido", ya "porque es un término relativo y su concepto depende de la función que la firma viene a cumplir

---

91 La absoluta y total unanimidad jurisprudencial y doctrinal, fundamentada desde luego en el 688. 2 CC, existente en la civilística española, hace por completo innecesaria la cita de jurisprudencia y doctrina en este sentido.

92 En este sentido, Diaz Alabart, s: *El testamento,* cit., p. 36, nota 40.

93 García Goyena, F: *Concordancias, motivos y comentarios del Código civil español,* Madrid, 1852, reimpresión Zaragoza 1974, citado por Diaz Alabart, s: *El testamento,* cit., p. 36, nota 41.

en el referido negocio jurídico documentado (de que se trate), por lo que será preciso determinar no que es la firma, sino lo que se entiende por ella en el testamento ológrafo"[94].

Así, en opinión de la autora citada, "para ofrecer un concepto de firma (por cuanto al ológrafo se refiere) no podemos utilizar aisladamente ninguno de los criterios que acerca de la firma ofrece la doctrina, sino que será preciso tener en cuenta las finalidades que cumple en el testamento ológrafo para así poder determinar con qué forma se considera a éste firmado"[95]. Con lo que el concepto de *firma* vendría inferido así de las finalidades que aquella cumpla en ese negocio jurídico testamentario.

Aun reconociendo la autoridad de la autora por cuanto al tratamiento doctrinal del testamento ológrafo se refiere, quizá cabe pensar que estamos ante dos planos distintos. Uno, el propio de la firma en sí. Otro, el de las finalidades o funciones que la firma cumpla en el ológrafo. Cuando el legislador del Código se refiere a que este testamento "para que sea válido, *deberá estar firmado por el testador*", de alguna manera parece estar presuponiendo necesariamente un concepto de *firma,* y del que parte el propio legislador, un concepto que, de alguna manera, se da por supuesto.

4. PARECER DOCTRINAL ACERCA DEL CONCEPTO DE FIRMA EN EL TESTAMENTO OLÓGRAFO

¿Existe un concepto de "firma" para el testamento ológrafo en el marco de la doctrina científica? Trataré de recoger a continuación el punto de vista de representantes en la materia.

---

94 TORRES GARCÍA, T: "Comentario", cit., p. 415.

95 TORRES GARCÍA, T: *"Comentario".,* ult cit.

En la aportación de ALBALADEJO, no es posible hallar un concepto de firma propiamente tal, referido a la forma testamentaria de que se trata. El autor se refiere, ante todo, a las funciones que aquella cumple en dicha forma de testar (identificar al testador, y asumir éste la declaración testamentaria). A diferencia de otros autores, para ALBALADEJO cada una de estas dos funciones no presentaría más importancia que la otra. Para él, lo realmente importante es que *la firma* cumpla ambas, pero no suministra una noción de que haya de entenderse por "firma" en esta forma de testar. Esa noción se presupone, aunque alguna luz arroja sobre el tema la afirmación según la cual "la firma" deberá ser "la que la persona utiliza en documentos de importancia, en relaciones jurídicas de trascendencia"[96]. Tal afirmación parece presuponer una noción de firma compuesta, al menos, por el nombre de pila y primer apellido, lo que no empece a que el autor (influenciado o no por la STS de 1918) defienda la validez como firma del nombre de pila: "Si es adecuado a las circunstancias, cabe utilizar el nombre de pila", añadiendo como ejemplo el supuesto en el que el testamento se contuviere en un escrito dirigido a un familiar. Luego no en otro caso. Con todo, este punto de vista de ALBALADEJO quizá no quepa desconectarlo de la inexistencia de una línea uniforme al respecto en la jurisprudencia del TS (admitiendo en unos casos la validez del testamento en el que sólo se incluye el nombre del, testador, en tanto que en otros y ante un supuesto idéntico, ha afirmado la nulidad de aquél), inexistencia que habría conducido a no considerar pacífico el criterio de no considerar validas otras firmas que pueden utilizarse en ámbitos diferentes de aquellos que tengan que ver con documentos de importancia o en relaciones jurídicas de trascendencia[97].

---

96 ALBALADEJO GARCÍA: ", *Curso de Derecho civil"* cit., p. 226.

97 DIAZ ALABART, S: *El testamento,* cit., p. 38.

En sus *Anotaciones al Derecho de sucesiones* de T. KIPP, BADOSA COLL y PUIG FERRIOL, se ocupan de modo específico de qué haya de entenderse por firma en el ológrafo, inclinándose decididamente por el concepto o noción de firma *usual* o *habitual* del testador: "La que, en todos los actos de la vida, lo mismo en aquellos más importantes y solemnes que en los corrientes, en su relación con las demás personas, acostumbra a estampar al pie de sus escritos". Se apoyan para tal afirmación en la S 5 enero 1924. Por su parte, la no necesidad de rúbrica en orden a entender existente la firma, la fundamentan en el fallo de 26 junio 1929[98].

Llama la atención la discrepancia con ALBALADEJO por cuanto éste último, aún inclinándose asimismo por una noción de firma *usual*, reducía el ámbito de aquella a la que la persona utilice "en documentos de importancia, en relaciones jurídicas de trascendencia". Así pues, para los anotadores, la noción de firma *usual* se presenta con un contorno mucho más amplio, en cuanto no se distingue entre la que se estampa en documentos solemnes o jurídicos de importancia y los demás.

No cabe hallar en la exposición de BLASCO GASCÓ un tratamiento específico del problema de la firma en el ológrafo. "Aunque el art. 688 no lo exige, el testamento ológrafo no sólo debe estar escrito por el testador, sino que debe serlo (escrito y firmado) de su propia mano, como deriva del artículo 691 CC. Sin embargo, este requisito debe adecuarse en aquellos casos en que conste que el testador carecía de manos y escribía con otras partes de su cuerpo, como los pies o la boca"[99].

---

98 BADOSA COLL, F y PUIG FERRIOL, L:", *Anotaciones al Derecho de sucesiones de* T. KIPP", volumen primero, segunda edición, al cuidado de BADOSA COLL y PUIG FERRIOL, Bosch, Barcelona, 1976, pp. 299-300.

99 BLASCO GASCÓ, F de P: ", *Instituciones de Derecho civil. Derecho de sucesiones",* Tirant lo Blanch, Valencia, 2015, p. 70.

El parecer de[100] CÁMARA LAPUENTE presenta aspectos de interés. De una parte, aunque a ello habrá que referirse en otro lugar, en cuanto a la esencialidad de la firma, no referida en lo fundamental a la mera identificación del testador. La identificación de aquél viene ya cubierta por la autografía. Por tanto, la firma cumple también esa función identificadora, ayuda a ella, pero el papel fundamental en cuanto se refiere a la identificación la cumple la autografía, correspondiendo así esencialmente a la firma el de "dotar al acto testamentario, junto con la fecha, de carácter definitivo y perfecto"[101].

Rechaza Cámara, y ello sin duda presenta interés, la exigencia de "la habitualidad" de la firma, argumentando que tal exigencia no está presente en el Código Civil. Luego en consecuencia, si se prescinde de "la habitualidad" de aquélla, se impone concluir que no cabrá dudar de la validez del testamento, aunque la firma empleada por el testador no sea aquélla "con la que él firma todos sus escritos"

Se inclina decididamente por la habitualidad de la firma CAPILLA RONCERO. La firma, dice, deberá ser "la habitual", siquiera "en función del tono del escrito testamentario y sus características, se ha considerado suficiente – añade – firmar con el mero nombre propio"[102]. De lo anterior, y aunque no se diga expresamente, es fácil deducir que el concepto o noción

---

100 CÁMARA LAPUENTE, S., "Las distintas formas testamentarias", en AA. VV: *Curso de Derecho civil (V) Derecho de sucesiones* (Coord PÉREZ ALVAREZ, M.A), Cólex, Madrid, 2013, pp. 132 y ss.

101 CÁMARA LAPUENTE, S: "Las distintas formas", cit., pp. 132 y ss.

102 CAPILLA RONCERO, F: "Las clases de testamento", en AA. VV: *Derecho de sucesiones* (Coord. F.CAPILLA, A.M. LÓPEZ LÓPEZ, E.ROCA, Mª.R.VALPUESTA y V.L. MONTÉS), Tirant lo Blanch, Valencia, 1992, p. 129. Respeto de la utilización por el testador de "signos, huellas digitales, etc", su posición es categórica: no valen como firma.

de firma que el autor presupone es el integrado, al menos, por el nombre de pila y primer apellido.

En cuanto a la función misma de la firma, CAPILLA la conecta prevalentemente con la de "dar fuerza de escrito serio al testamento, de acto dotado de eficacia", más que una mera función identificativa, "ya cubierta (esta última) por la exigencia de la autografía". En definitiva, parece que la función identificativa la cumpla en su integridad la autografía del testamento, con lo que la firma poco, o nada, añadiría a ese papel identificador cubierto, en exclusiva, como digo, por la autografía.

Algunas dudas plantean esas referencias al "tono del escrito testamentario y sus características", que, de concurrir, permitirían sostener la validez de un testamento ológrafo firmado con el solo nombre propio. Quizá esas palabras "tono y características" del escrito testamentario, vengan a identificarse con un ológrafo dirigido a familiares, o personas muy próximas al testador.

CASTÁN TOBEÑAS no parece mantener una posición propia sobre el tema de la firma. "Los autores entienden que no es preciso que se consigne el nombre entero y los apellidos, sino que basta que el testador firme en la forma usual o en la suficiente, aunque no sea la usual, para asegurar la autenticidad del testamento. Y el TS confirma esta doctrina en su Sentencia de 8 de junio de 1918"[103].

Parece, pues, moverse CASTÁN entre dos nociones de firma admisible: de un lado, la usual, y de otro, la suficiente para asegurar la autenticidad del testamento.

---

103 CASTÁN TOBEÑAS, J: "*Derecho Civil Español, Común y Foral "(obra ajustada al programa para las oposiciones a Notarías determinadas), Tomo I.(Modos de adquirir la propiedad. Donación. Sucesiones),* Editorial Reus, Madrid, 1931, p. 157

DIAZ ALABART , en el marco general de la problemática del ológrafo otorgado por personas mayores dependientes, se ocupa de la firma, definiéndola como "la impronta gráfica de una persona que la identifica ante los demás", afirmando que para que sea identificativa de la persona de su autor "debe ser repetitiva, esto es prácticamente igual cada vez que se emplee", lo que viene constatado en la vida diaria con las firmas que se emplean, por ejemplo, en las entidades bancarias para abrir una cuenta corriente, rellenar un cheque, o en las relaciones con las Administraciones Públicas, o en los contratos que celebremos, etc.[104].

Señala acertadamente esta autora que la exigencia de que la firma deba ser repetitiva no es óbice para que sea habitual que la firma, como la letra de cada persona, vaya cambiando con el paso de los años, y se fije una más definitiva en la madurez[105]. En definitiva, la exigencia de que deba ser repetitiva no cabría identificarla con la inalterabilidad morfológica de sus caracteres. Estos pueden, y normalmente cambiarán con el tiempo, sin que por ello la firma deje de ser repetitiva.

En cuanto a la composición de la firma, para DIAZ ALABART se impone partir de lo que la autora llama "firma oficial habitual"[106], la que figura en los documentos oficiales de identificación de la persona, compuesta por nombre de pila con dos apellidos, o uno sólo, la inicial del nombre y uno o dos apellidos, etc. Realmente, partiendo del planteamiento

---

104 DÍAZ ALABART, S: *El testamento,* cit., pp. 36-37.

105 DIAZ ALABART, S: *El testamento,* cit., p. 37.

106 El término "habitual" o "usual" lo entiende la autora, siguiendo de cerca alguna STS no demasiado lejana en el tiempo, "no como firma idéntica a otras anteriores del testador, sino que no sea una totalmente diferente, esto es que sirva para identificarle cumplidamente y se corresponda con la solemnidad del acto, *El testamento,* cit., p. 38, nota 43.

expuesto, que comparto, las combinaciones posibles no parecen puedan ser muy numerosas, máxime si se tiene en cuenta la imposibilidad de aceptar como validas "otras firmas que pueden utilizarse en ámbitos diferentes (una carta a familiares o amigos se puede firmar con un apodo, diminutivo de su nombre o únicamente con el nombre de pila, etc."[107]. Por tanto, el empleo de esas otras formas o modalidades de firma, se circunscribirán en exclusiva en su opinión, que creo acertada, a esos otros ámbitos (bien distintos todos ellos del que es propio del testamento ológrafo).

A favor de la sola validez en el ológrafo de la "firma oficial habitual", militaría el que "se trata de un indicio positivo más para tomar en consideración a la hora de dilucidar si se quiso o no realmente disponer para después de la muerte con el texto manuscrito[108]". En este sentido, el entender que las llamadas "firmas informales" desdicen de la seriedad de la intención de testar, es un argumento de cierta consistencia, más aún si se tiene en cuenta que el testamento es un modo de hacer saber a todos y de forma oficial cómo se quiere ordenar la propia sucesión. Diríase entonces que la solemnidad (importancia, más bien) misma del negocio jurídico testamentario, y predicable

---

107 DÍAZ ALABART, S: *El testamento,* cit., p. 38.

108 Tratándose del testamento ológrafo de mayores dependientes, el tema de la firma tiene aún mayor importancia, "la firma de personas aquejadas de enfermedades degenerativas en cierto grado, ya manifiestan su patología en la firma, y que dentro de dicho deterioro – afirma DIAZ ALABART – está el olvidar la firma oficial y ser incapaces de reproducirla, aunque puedan poner su patronímico, con lo que la exigencia de firma completa podría ser también una forma de asegurarse de la existencia de capacidad natural en el momento del otorgamiento", *El testamento,* cit., p. 44.

desde luego de todo testamento (también del ológrafo), no parece case bien con esas llamadas "firmas informales"[109].

En apoyo de lo que se acaba de decir, resulta asimismo consistente la necesidad de la firma del testador para salvar, en su caso, las palabras tachadas, enmendadas o entre renglones que aparezcan en el texto del testamento (art. 688, párrafo 3º CC), "no parece que esa firma pueda consistir solamente en el nombre del testador, ya que es una firma demasiado informal para ese propósito"[110].

Con todo, y aun compartiendo el argumento de la llamada "firma oficial habitual" como regla general, y aplicando aquí ese viejo aforismo según el cual toda regla tiene excepciones, me inclino por entender que las circunstancias concretas del caso puedan conducir a admitir como válida una firma calificable como "informal". La carencia de uniformidad sobre la materia en la propia jurisprudencia del TS encontraría su justificación en lo que se acaba de decir. La cuestión que entonces parece surgir es la relativa a cómo diferenciar esas "circunstancias concretas del caso" a las que se acaba de hacer referencia del criterio de la *habitualidad* por cuanto al empleo de una firma "informal" se refiere. O dicho de otro modo, al margen del criterio de la *habitualidad* en el empleo de una firma "informal" por el testador, ¿cabría admitir otros supuestos en los que aun empleándose por aquél una firma "informal"

---

109 Diaz Alabart, S: *El testamento,* cit., p. 39. La opinión de que las llamadas " firmas informales" desdicen de la intención de testar me parece acertada, dada la importancia del negocio jurídico testamentario. En contra, García Mayo, M: *el testamento ológrafo,* cit., p.143.

110 Diaz Alabart, s: *El testamento,* cit., pp. 39-41, y nota 47, ocupándose asimismo de algunas cuestiones dudosas para el caso de que el propio testador haya tachado, enmendado o incluido entre renglones alguna palabra.

pudiere mantenerse la validez del testamento? El punto de vista negativo a tal posibilidad parece difícilmente cuestionable.

Otro de los ámbitos relativos a la firma del que se ocupa DIAZ ALABART es aquél que tiene que ver con las funciones que cumple aquella en el ológrafo. En este sentido, su planteamiento se alinea con aquel sector de la doctrina que ha venido defendiendo con vehemencia la triple función de la forma en esta modalidad testamentaria: a) requisito formal, b) "muestra muy digna de ser tenida en cuenta especialmente de la grafía del testador, autentificando a su través la identidad de quien escribió el texto, y c) ubicada al final del escrito, "supone que el testador hace suyo o asume el texto que la antecede"[111]. Con todo, la función de la firma aludida bajo la letra b), es decir la función autentificadora de la identidad del testador, aun existiendo, no parece quepa situarla en un plano idéntico a las aludidas bajo las letras a) y c), y es que la grafía del testador resulta puesta de manifiesto de modo o manera mucho más preponderante en el propio escrito testamentario que en la firma de aquél. Cuantitativamente ésta es sensiblemente inferior a aquél. No parece pueda sostenerse que escrito y firma del escrito contribuyan en un plano equivalente a la identificación del testador. La grafía de éste se plasma en mucha mayor medida, lógicamente, en el conjunto del escrito que, en la firma en sí, que por razones puramente cuantitativas se ofrece sensiblemente inferior al cuerpo del escrito testamentario.

Relativizar notablemente entonces la función de la firma en lo que a la identidad del testador se refiere, no implica privar a esta de virtualidad alguna identificativa, sino dejar de situarla en un plano equivalente con la que desempeña la entera grafía del documento. Aunque de la grafía del texto del testamento se siga con seguridad la identificación del firmante, ello no

---

111 DÍAZ ALABART, S: *El testamento,* cit., p. 37.

significa que baste, en todo caso, con el nombre propio para tener esa firma como válida. La problemática de la utilización como firma del solo nombre propio, y de que pese a ello una tal firma se tenga por válida, parece deba situarse en un plano distinto y diferente del que es propio de la identificación del testador, y que tiene que ver con la seriedad de su propósito de testar.

El tratamiento de la cuestión lo aborda indirectamente DÍEZ PICAZO en el segundo volumen de sus *Estudios sobre la Jurisprudencia Civil* (Madrid, Tecnos, 1966, p. 608 y ss.), a propósito del comentario a las quizá más célebres Sentencias del TS en materia de firma del ológrafo: las de 8 de junio de 1918 y 5 de enero de 1924.

En cuanto al primero de los fallos, su comentario excluye el difundido parecer según el cual el criterio de validez del testamento lo apoyó el fallo en la habitualidad del empleo por parte de Dª Matilde de su solo nombre de pila en los escritos por ella firmados. "La testadora – expone DÍEZ PICAZO – había firmado exclusivamente con su nombre de pila: "Matilde". Nuestro TS había dicho ya en algunas ocasiones anteriores, y ha reiterado con posterioridad, que la firma debe ser aquella que la persona utiliza usualmente en todos los actos de su vida y que, por consiguiente, no es válida una firma en la que se consigne únicamente el patronímico". Es de especial interés, en cuanto a lo erróneo del parecer aludido anteriormente, lo que el autor añade a continuación: "En este caso, sin embargo, el criterio es más benévolo y menos estricto, y la firma escueta de "Matilde" no priva de validez al testamento".

Parece, pues, que el argumento a favor de la validez no cabe encontrarlo en la circunstancia de que Dª Matilde firmara habitualmente sus escritos con el solo nombre de pila (para nada se alude al criterio de la habitualidad en la firma con el solo patronímico por parte de la testadora), sino por el contrario en el "tono" o "circunstancias" del escrito testamentario. Ello fue lo determinante para considerar válida la firma ("En este caso, sin embargo, el criterio es más benévolo y menos estricto").

En su comentario a la STS de 5 Enero 1924, en el que asimismo la testadora firmó con el solo nombre de pila ("vuestra tía Mariana), y el TS consideró nulo el testamento ("por no haber cumplido la declarante el requisito establecido en el artículo 688 del Código, que exige que el testamento esté firmado por la otorgante"), el autor se hace eco del criterio mantenido por el fallo y procede a su crítica: "El TS entiende – afirma el autor – que el nombre de pila patronímico no cumple el requisito de la firma, porque la firma es la que la persona acostumbra a estampar al pie de sus escritos".

La crítica que a semejante punto de vista formula DÍEZ PICAZO es de un rigor y consistencia fuera de toda duda. La doctrina de identificar la firma por los hábitos y costumbres del firmante, "no deja de ser sumamente dudosa". A su juicio, la clave de la cuestión es determinar "el sentido y la significación que tiene la exigencia de la firma"[112]. El interés de su argumentación crece aún más cuando el autor se remonta, para tratar de hallar una respuesta aceptable al problema, a las "funciones" mismas que tiene la exigencia de la firma en el documento y, de modo especial, en el testamento ológrafo:

"Cabría pensar que la firma trata de revelar a primera vista, y por su solo contenido, la identidad del firmante, lo cual, sin embargo, no siempre es cierto, ya que la identidad del firmante no se pone inmediatamente de manifiesto en las firmas ilegibles, que, sin embargo, son aceptadas como tales sin dificultad".

Relativiza así en alguna medida DÍEZ PICAZO la función "identificativa" de la firma en el ológrafo, y, en consecuencia, centra la esencialidad de su función en aspectos bien distintos del de la mera identificación:

---

112 DÍEZ PICAZO, L: *Estudios,* cit., p. 611.

"Mayor fundamento tiene la idea según la cual la existencia de los trazos autógrafos en que la firma consiste acredita o prueban, por una parte, la paternidad del texto (autenticidad), y, por otra parte, la conformidad del firmante con el mismo, o la elevación de lo consignado a la categoría de declaración de voluntad".

"Siendo esto así, — concluye – parece que lo que debe buscarse es la autenticidad del trazo autográfico y la conformidad que el mismo expresa con la declaración sobre él consignada[113]". De nuevo, la función "identificativa" parece quedar relegada a un lugar secundario.

Pasa a continuación el autor a ocuparse de la "habitualidad" o carácter "usual" de la firma, verdadero talón de Aquiles en materia de firma del ológrafo:

"Descendiendo al terreno de las costumbres o hábitos del demandante (firma usual), siempre parecerá cierto que tales hábitos o costumbres deben ser puestos en relación con las circunstancias que rodean el caso concreto".

En mi opinión, la argumentación de DÍEZ PICAZO pasa ahora de un plano general, al que me he referido anteriormente, a un plano que cabría llamar "concreto". Y es que, tras referirse a las funciones que, en general, cabe exigir a la firma en el ológrafo, se ocupa ahora del otro gran aspecto de la firma en esta forma testamentaria, el aspecto representado por la "habitualidad" o carácter "usual" de aquella.

"Desde este punto de vista (el constituido por las circunstancias del caso concreto) cabe la posibilidad de que una persona tenga el hábito o la costumbre de firmar con su nombre y sus apellidos documentos de tipo público o solemne y que, en cambio, sea para ella lo corriente firmar

---

113 DÍEZ PICAZO, L: *Estudios,* cit., pp. 611-612.

únicamente con su nombre de pila las cartas que dirige a sus parientes o a sus íntimos".

Parece claro así que en ninguno de ambos fallos entró en juego el criterio del carácter "usual" de la firma: ni Dª Matilde, ni Dª Mariana firmaban habitualmente sus escritos con el solo nombre de pila. Sin embargo, en el fallo de 1918, el TS estimó válido el testamento, y no lo estimó en el fallo de 1924. Por ello, DÍEZ PICAZO no dudaba en calificar de "sorprendente el cotejo entre esta sentencia de 5 de enero de 1924 y la de 8 de junio de 1918". La misma Sentencia de 1924 se sintió en la necesidad de argumentar la contradicción. Y, una vez más, el criterio de la habitualidad de la firma "brilla por su ausencia". "Aquel caso de 1918 era un caso "particular", "hasta ahora único", en el que concurrían circunstancias especiales".

"Sin embargo, – argüía DÍEZ PICAZO – nos quedamos sin saber en qué consistían la particularidad y la especialidad de aquel caso frente a éste y por qué aquél era "hasta ahora único"[114]. Es claro – concluía el autor — que, desde el punto de vista de la valoración humana, o incluso, si se quiere, sentimental, las cosas eran distintas, pero desde el punto de vista

---

114 Más recientemente, excluyendo asimismo el criterio de la *habitualidad* como justificativo de la *ratio decidendi* de la famosa STS de 1918, DÍAZ ALABART, S: *El testamento,* cit., p. 42. "La cuestión está en la firma que junto con el tenor del testamento corresponde a una manifestación de amor dirigida al heredero, pero es seguro que la testadora no firmaba así en sus asuntos no familiares". La exclusión por completo en aquella sentencia del criterio de la *habitualidad,* y arguyendo con el régimen concreto de la sucesión intestada vigente en la época, "es posible – añade – que dadas las circunstancias concretas del caso el TS hiciera una interpretación equitativa, aunque para ello hubiera de sacrificar algo tan esencial en un testamento como son las formalidades".

de la aplicación de las normas jurídicas generales la distinción no llega a advertirse"[115].

Un tratamiento monográfico de la escritura y la firma del tostador en el ológrafo, el de ESPINO BERMELL[116]. El punto de partida del autor es el de atribuir a la firma una función individualizadora e identificativa del testador juntamente con la escritura, en un plano de equivalencia[117], no atribuyendo en consecuencia mayor valor identificativo al escrito que a la firma en sí.

GARCÍA CANTERO se ocupa de la firma en el ológrafo en un trabajo de carácter general sobre esta forma testamentaria[118], y en el que al tratamiento en concreto de la firma se dedican las páginas 1230 y ss. (bajo la rúbrica "Problemas sobre la firma").

La posición de este autor en cuanto a las "funciones" mismas que la firma cumple, se alinea con el parecer de quienes relativizan el alcance y función identificativas de la firma en el ológrafo: "Puede decirse – afirma – que la firma viene a culminar el requisito de la autografía total. La redacción personal del testamento hace presente inequívocamente la identidad de su autor, y la autenticidad de la firma permite que sea corroborada, a su vez, con el cuerpo del escrito que constituye el testamento".

Parece así que, para GARCÍA CANTERO, el papel identificador gravitaría casi exclusivamente en la redacción personal del

---

115 DIEZ PICAZO, L: "*Estudios,* cit., p. 612.

116 ESPINO BERMELL, C: *El testamento ológrafo. La importancia de la escritura y la firma del testador. El cotejo pericial de letras. La prueba caligráfica,* Ed UCOPRESS, Córdoba, 2016.

117 ESPINO BERMELL, C: *El testamento,* cit., p. 166. "Si el testador ológrafo no sabe firmar, se impide la posibilidad de otorgar esta forma testamentaria. Si una persona no sabe firmar, del mismo modo no sabrá escribir, por lo que no podría otorgar en modo alguno testamento ológrafo".

118 GARCÍA CANTERO, G: "Testamento ológrafo", cit., pp. 1221 y ss.

testamento. Y que la firma no más complementaria esta misma función identificativa siquiera en un plano secundario, puesto que su principal papel no es otro sino el de asunción por el firmante del contenido mismo del escrito testamentario. Sin embargo, en otro lugar de su trabajo, y siguiendo a lo que parece los planteamientos de Torres García, alude a ambas funciones de la firma (la de asunción del contenido del negocio jurídico testamentario y la de identificación del autor del escrito): "Con todo, a mi juicio, no cabe eliminar la presencia de ambas funciones de la firma, así las sospechas de falsificación que pueden aflorar en el texto pueden ser corroboradas con las detectadas en la firma"[119]. Con todas las matizaciones que se quieran, el parecer del autor no es el de atribuir el mismo nivel a las dos funciones. Que no quepa eliminar ambas funciones de la firma no significa, obviamente, que su alcance sea idéntico. Primaría, pues, la (función) de asunción del contenido del negocio sobre la (función) identificativa del testador.

A la pregunta ¿Cómo debe ser la firma del testamento ológrafo?, el autor no responde de modo directo en un primer momento. Se remite a la opinión de Torres García, que dice compartir[120], añadiendo que, en su opinión, "tampoco ayuda aquí la legislación notarial porque el fedatario público no interviene, por definición, en el ológrafo".

---

119 García Cantero, G: "Testamento Ológrafo", cit., p. 1232

120 García Cantero; G: "Testamento Ológrafo, cit., p. 1232. "Dice con toda razón Torres García, T que si bien en el Código civil se determinan los negocios jurídicos que deben ser firmados, no se da un concepto de la firma ni siquiera se dice en qué deba consistir la misma, bien porque el legislador da por sabido dicho concepto, bien porque la firma es un término relativo y su concepto depende de la función que la misma viene a cumplir en el negocio jurídico documentado; por eso es necesario precisar no qué es la firma, sino lo que se entiende por firma en el negocio testamentario".

Sin decidirse a tomar partido en la cuestión, recoge el punto de vista de GAMBÓN ALIX[121] respecto a las varias formas que, en su configuración externa, puede adoptar la firma, y aludiendo a *la rúbrica* (de uso típicamente español, en la práctica), toma finalmente partido en el tema de fondo: "A mi juicio hay que mantener respecto del testamento ológrafo que la firma debe comprender tanto el nombre en sentido amplio como su rúbrica, y aquélla debe ser legible y ésta un trazo firme que el autor reitera siempre con similar o aproximado dibujo"[122].

Considera el autor que ya es tiempo de abandonar definitivamente "aquella era jurisprudencial, un tanto pintoresca, por la que atravesó el ológrafo en su peregrinación ante el TS", matizando en nota que la referencia debe entenderse hecha a los fallos de 1918 y 1924, y calificando de "en ocasiones mal interpretada la S de 8 de junio de 1918, pronta y sensatamente matizada por la de 5 de enero de 1924"[123].

Quedan en la penumbra los argumentos en los que GARCÍA CANTERO apoya esa, a su juicio, mala interpretación[124] de la S de 8 de junio 1918, al margen ya de que quizá se refiera al parecer de algunos según el cual el "alcance" del fallo habría que situarlo en la admisión por aquél del llamado "testamento epistolar"[125]. En cualquier caso, parece hay que compartir el

---

121 La aportación de GAMBÓN ALIX, G ha sido objeto de amplia consideración en otro lugar del presente trabajo al que me remito.

122 GARCÍA CANTERO, G: "Testamento Ológrafo", cit., p. 1233

123 GARCÍA CANTERO, G:" Testamento Ológrafo", cit., p. 1233, nota 31.

124 Aunque no resulta difícil intuir que esos argumentos no son otros sino aquellos que, excluyendo con acierto, el criterio de la *habitualidad* en el empleo del patronímico por parte de Dª Matilde, sitúan la razón misma del fallo en las circunstancias concretas del caso, circunstancias que llevaron a "una interpretación equitativa". En este sentido, DÍAZ ALABART, S: *El testamento,* cit., p. 42.

125 Siendo así que un testamento en forma epistolar es en principio válido aun sin el apoyo del fallo de 1918, dándose además la

parecer de DÍEZ PICAZO, tendente como se vio a apreciar la existencia de contradicción entre ambos fallos, puesto que, en supuestos sustancialmente similares, la doctrina sentada por el TS fue radicalmente distinta, lo que parece deba conducir a la suma especificidad de las circunstancias concurrentes en el supuesto de la sentencia de 1918, circunstancias afectivas de un lado, y legales de otro (régimen del *abintestato* en aquél momento, régimen que (de haber entrado en juego) hubiere chocado frontalmente con esas circunstancias afectivas, tan determinantes para la testadora Dª Matilde).

De la crítica que GARCÍA CANTERO formula a más reciente jurisprudencia en tema de firma del ológrafo (STS 5 de mayo 2011), claramente se desprende un punto de vista contrario al juego del criterio de "habitualidad" o "carácter usual" de la firma en esta forma testamentaria, cuando – por más que sea "usual" o "habitual"—no conste aquella del nombre en sentido amplio y de su rúbrica, siendo esta legible. Para GARCÍA CANTERO los más recientes puntos de vista (básicamente jurisprudenciales, STS 5 mayo 2011), se mostrarían así como corriente encaminada a "relativizar" este requisito esencial (el de la firma) en el testamento ológrafo[126].

---

circunstancia de que en el caso contemplado por la sentencia el testamento en sí no era – pese a su estilo relativamente epistolar – una verdadera carta, pues no fue enviado como tal. La confusión proviene de haber sido escrito aprovechando el papel sobrante de una carta vieja de 40 años. Sobre el tema, con amplias y certeras consideraciones, LACRUZ BERDEJO, J.L: "*Derecho de sucesiones*", cit., p. *415*.

126 "Al afirmar – que el TS ha empleado siempre un concepto amplio de firma, sin especiales requisitos formales que irían contra la realidad social e incluso irían más allá de lo que exige el CC; razonando sobre lo *habitual o usual* – añade GARCÍA CANTERO, G, en esta su crítica – declara aquélla (la sentencia a que se ha hecho referencia en el texto) que no significa que la misma deba ser idéntica a las

A manera de conclusión, el autor, formulando algunas propuestas respecto de esta forma testamentaria, y por cuanto a la firma se refiere, sostiene: "Entiendo igualmente que la firma de quien lo suscribe debe poseer iguales caracteres[127], siendo también esencial, a mi juicio, la rúbrica que la personaliza".

Desde esta perspectiva, el autor no duda en excluir el criterio jurisprudencial de la firma meramente *usual*, por cuanto conlleva, "por su insuficiencia, graves problemas para su reconocimiento judicial, a medida que nos alejamos del momento de la muerte del testador. Si entendemos que lo usual presupone lo legible, — añade— podríamos eliminar aquellos de la praxis"[128].

El autor sí toma partido sin embargo respecto a la descalificación como firmas del ológrafo, considerando incluso innecesario argumentar en contra de aquellas en las que "se hace constar exclusivamente el título nobiliario que se ostenta, o el seudónimo o apodo, o las meras iniciales del nombre, o la palabra que expresa el parentesco o la clase de relación con el heredero ("tu esposo", "tu madre", "tu abuelo", "tu tía", "tu padrino" o similares como "tu amigo del alma", "tu camarada de deporte o de correrías", "tu colega", "tu fan", etc.).

El planteamiento de LACRUZ parte de relativizar extraordinariamente el papel de la firma como elemento de identificación. "En los casos habituales de testamento de una mínima extensión, que son los que tuvo en cuenta el legislador, la firma apenas representa un elemento de identificación, pues ésta se obtiene a través del escrito precedente, más difícil de

---

anteriores, sino que no sea una distinta, sin nada que ver con la que utiliza normalmente", cit., p. 1233.

127 Tales caracteres, para GARCÍA CANTERO, G, se compendian en los de "íntegramente manuscrita, legible y conservable como tal", cit., p. 1242.

128 GARCÍA CANTERO, G:" Testamento Ológrafo" cit., p. 1242.

falsificar entero; (la firma) es, sobre todo, el signo que comunica al escrito el carácter de negocio jurídico (testamento) acabado y perfecto, distinguiéndolo del borrador o del mero proyecto o apunte".

Tras este punto de vista, afirmado enérgicamente, pasa el autor a ocuparse – en relación estrecha con él – "de la manera de firmar exigible y suficiente en el testamento ológrafo". Y su respuesta es la siguiente: "aquélla que no deja dudas sobre la intención del firmante, y que, a la vez, puede calificarse como "firma del testador". En general, será la que use normalmente, pero según las circunstancias y el tono del escrito debe bastar cualquiera que sea firma *suya* e indiscutiblemente haya sido trazada con el ánimo de hacer definitivo y operante lo escrito"[129].

Para LACRUZ, como regla general, firma del testador y firma que aquél usa normalmente (sin distinguir aquí en la mayor o menor trascendencia jurídica de los actos a los que esa firma se refiera) vendrían a identificarse. Parece que la inexistencia de dudas sobre la intención del firmante sería más bien una consecuencia del empleo de tal clase de firma. Pero la anterior sería la regla general, y, como tal, no exenta de excepciones. Excepciones a las que el autor se refiere con las expresiones "según las circunstancias y el tono[130] del escrito". Dándose alguna de estas, LACRUZ considera bastante "cualquiera que sea firma *suya* y trazada con el ánimo de hacer definitivo y operante lo escrito", es decir, con el propósito de conferir validez plena a lo escrito, asumiendo su contenido.

---

129 LACRUZ BERDEJO, J. L:" *Derecho de sucesiones*", cit., p. 414.

130 El término "tono" del escrito es empleado, asimismo, por clara influencia de LACRUZ BERDEJO, J.L, y para llegar a similares conclusiones, por CAPILLA RONCERO, F, como quedo expuesto con anterioridad.

"Con todo, probablemente, no podría ser considerada como firma, a los efectos del artículo 688, la expresión de una situación familiar, como las palabras "tu padre", "tu esposa", etc.

El tratamiento de la cuestión por parte de LASARTE ÁLVAREZ se inicia rechazando que la relación entre firma o rúbrica se presente siempre como "una unión inescindible, haciéndolas coincidir estrechamente"[131]. "Lo cierto es que, en algunos casos, en la denominada *firma habitual* primarán los elementos propios de la firma y, por el contrario, en otros supuestos, adquirirán mayor relevancia los rasgos o trazos propios de la rúbrica".

Se impone concluir, pues, a la vista de tal punto de vista que, para LASARTE, si bien la rúbrica (generalmente) debe ser algo que ratifique y dé vigor a la firma, sería erróneo pensar que la única función de la rúbrica sea la anterior. Y es que la validez de la rúbrica, puesta en función de firma, es una consecuencia directa – como señaló GAMBÓN ALIX – de la evolución histórica del aspecto gráfico de la firma. "El proceso de abstracción que ha llevado de la firma legible a la ilegible ha alcanzado extremos – afirmaba GAMBÓN — en que se hace difícil distinguir esta última de lo que podría ser una rúbrica más o menos estilizada"[132]. En consecuencia, ninguna duda puede caber en cuanto a que LASARTE comparte el criterio según el cual, "firma es todo signo que autentica la intervención de una persona en el acto. Función que es predicable de la rúbrica, incluso cuando su simplicidad sea tan extrema – una simple raya, por ejemplo – que facilite la falsificación"[133].

Presupuesto lo anterior, LASARTE formula una afirmación general sobre qué deba entenderse por firma en el ológrafo: "En términos generales, ha de reclamarse la utilización de la

---

131 LASARTE ÁLVAREZ, C.:" *Derecho de sucesiones"*, cit., p. 65.

132 GAMBÓN ALIX, G, "Reflexiones, cit., *p. 28.*

133 GAMBÓN ALIX, G: "Reflexiones", ult cit.

firma y rúbrica habituales en el testador". De nuevo, hace su aparición el carácter "usual" o "habitual" de la firma del testador, pero, una vez más, ese criterio general, debe contar, para LASARTE, con excepciones: "Sin embargo, esa firma del testador puede ser distinta en su ámbito familiar y, supongamos, en el ámbito profesional". El autor añade una precisión (que parece tenga en cuenta los supuestos contemplados en las famosas SSTS 1918 ("Matilde") y 1924 ("Vuestra tía Mariana"): "Si un testamento se redacta de forma epistolar o cuasi epistolar y quien testa considera, con razón, que se está dirigiendo fundamentalmente a los familiares más cercanos a quienes instituye herederos, no parece requerir que la firma del testador haya de componerse del patronímico y los dos apellidos, más la rúbrica de especial complejidad que utilizara en su vida profesional (en evitación de suplantaciones). Podría bastar en casos de tal índole que la persona que testa pudiera quedar identificada con su nombre de pila"[134].

Como se ve, se desemboca de nuevo en ese "doble criterio" por cuanto a la firma se refiere: a) el general de la "habitualidad" o carácter "usual" de la firma, que, para Lasarte comprendería patronímico y dos apellidos, más la rúbrica, y b) la posible excepción al criterio anterior, firma mediante el solo nombre de pila, supuesto éste que LASARTE parece reduzca al ámbito familiar, sin pronunciarse respecto de su admisibilidad en otros marcos distintos de estrictamente familiar.

MORETÓN SANZ comparte, en general, los planteamientos de LACRUZ, EN cuanto a la firma del ológrafo se refiere[135], poniendo de relieve que "el problema" de la firma en el ológrafo no lo es tanto de la firma "en sí", como de las circunstancias o requisitos que en aquella deban concurrir en orden a la validez del testamento. Insistiendo en este segundo aspecto, MORETÓN

---

134 LASARTE ÁLVAREZ, C:", *Derecho de sucesiones"*, cit., p. 66.

135 MORETON SANZ, M.F: "La firma habitual", cit., p. 2866.

refiriéndose a las divergencias judiciales sobre el ológrafo, señala que tales divergencias "se dirigen singularmente a poner en tela de juicio tanto la capacidad del testador, como la auténtica autoría del manuscrito, "y en particular, que la firma plasmada en el documento sea la del causante"[136].

A modo de conclusión sobre el tema que ahora ocupa, el punto de vista de MORETÓN viene expuesto con claridad en los siguientes términos: "Las normas testamentarias persiguen la observancia fiel de la intención del testador, siempre y cuando dicha voluntad efectivamente exista. En este sentido, únicamente la firma habitual del testador cumple con las finalidades referidas a la perfección de su declaración de voluntad y la constatación de la autoría del negocio".

El punto de partida para OSSORIO MORALES viene dado por el de las funciones de la firma en esta forma testamentaria[137], cuestión esta que, aun presentando gran interés, creo es separable de la de la firma en sí misma, es decir, de la referida a la "clase" de firma exigida por el legislador en este testamento.

¿En qué forma ha de ser firmado el testamento?: la respuesta de OSSORIO no deja lugar a la duda: "Con la firma que habitualmente empleara el testador". No hay matización alguna posterior, en función del tipo de negocio o de los destinatarios. El resto de su breve argumentación, lo centra OSSORIO

---

136 MORETON SANZ, M.F: "La firma habitual", cit., p. 2863.

137 OSSORIO MORALES, J: "*Manual de sucesión testada*". Instituto de Estudios Políticos, Dykinson, Madrid, 1957, pp. 140-141. En mi opinión, OSSORIO es quizá el autor que, de forma más clara y manifiesta, reduce al mínimo valor la función identificadora de la firma en el ológrafo, centrándola casi exclusivamente en "elemento acreditativo del carácter serio y definitivo con que el testador ha querido revestir su declaración de voluntad". "A semejante finalidad – la de identificar al testador – responde ya suficientemente el requisito de la autografía".

en algunas referencias a las dos clásicas SSTS de 3 junio 1918 y 5 enero 1924, sin apreciar contradicción entre la doctrina sentada en ambos fallos, por cuanto mientras que en la primera "la otorgante firmaba habitualmente sólo con su nombre patronímico, en la S de 1924, se demostró al Juzgado con los documentos acompañados a la demanda que ésta (la testadora) firmaba generalmente con nombre y apellidos, por lo que no podía considerarse el documento como testamento ológrafo"[138].

Aunque el tema de la existencia o no de contradicción entre ambos fallos no es de este lugar, se tratará de abordar en el análisis de la jurisprudencia recaída en materia de firma del ológrafo, sí señalar al menos la existencia de autorizada doctrina posterior que afirma tal contradicción[139], contradicción que a su vez no sería tal si se parte de la consideración según la cual en el supuesto contemplado en la famosa STS de 1918, la testadora no firmaba así (con solo el patronímico) en sus asuntos no familiares. Consecuentemente, en tanto que el fallo de la Sentencia de 1918 digamos hallaría su "fundamento" en una declaración de amor dirigida al heredero (D. José Pazos) por parte de Dª Matilde (testadora y esposa de aquél), el contenido en la Sentencia de 1924 lo hallaría en la falta de prueba acerca de que el uso del patronímico fuere el habitual en la firma de documentos por la testadora. Desde esta perspectiva, de una parte, no existiría contradicción entre ambas, y, de otra, mayor conformidad a las reglas formales propias del ológrafo cabría apreciar en la Sentencia de 1924 que en la de 1918, por cuanto en esta última "es posible que dadas las circunstancias concretas del caso el TS hiciera una interpretación equitativa,

---

138 OSSORIO MORALES, J: "Manual de Sucesión", cit., p. 141.

139 Así, entre otros, LACRUZ BERDEJO, J.L: "*Derecho de sucesiones*", cit., p. 66.

aunque para ello hubiera de sacrificar algo tan esencial en un testamento como son las formalidades"[140].

Dada la temática específica que en el ológrafo aborda Rosa Peñasco (la del ológrafo otorgado por personas que escriben con la boca o con el pie), es muy escaso e impreciso el tratamiento que dedica a la firma. Los términos "rúbrica" y "firma" no aparecen utilizados con precisión, y las referencias a la "caligrafía única e irrepetible del testador" orillan varias cuestiones de importancia. En cuanto a la firma en sí, se limita a afirmar "debe tratarse de la auténtica y habitual firma empleada por el testador"[141].

El tratamiento de la cuestión lo comienza Puig Brutau destacando la importancia de la firma en esta forma testamentaria, importancia que por ser tan manifiesta "no es menester subrayar"[142].

En cuanto a las funciones de la firma en el ológrafo, su postura es la de atribuir una importancia similar a la identificativa del testador, de un lado, y a la de convertir el escrito en "acto

---

140 Díaz Alabart, S: *El testamento,* cit., p. 42.

141 Peñasco, Rosa, *El testamento ológrafo otorgado por personas que escriben con la boca o con el pie,* Madrid, 2018, Dykison, pp. 73 y 86, nota 59. "Además de rubricarse con la firma habitual del testador" (p- 73), el empleo aquí del término "rúbrica" es impreciso puesto que se afirma que el testamento se rubrica con la firma, siendo así que aquella, la rúbrica, en línea de principio, se presenta como distinta de la firma en sí, por cuanto es esta última la que puede presentarse con rúbrica o sin ella; las referencias a la "caligrafía única e irrepetible" (p. 73) parece de a entender una concepción de la caligrafía para el ológrafo monolítica y no sujeta a cambio alguna en su morfología, cambios estos que por razones de la edad del testador inevitablemente se producirán; y otro tanto cabe decir en cuanto a "la auténtica y habitual firma empleada por el testador", (p. 86, nota 59), que deja asimismo en la sombra una amplia problemática.

142 Puig Brutau, J:", *Fundamentos* ", cit., p. 116.

auténtico y verdadero de expresión de la última voluntad", de otro. PUIG BRUTAU no parece atribuir más importancia a una función que a la otra: "No sólo se trata – afirma – de un requisito que contribuye a la comprobación de la autenticidad del testamento, juntamente con la autografía del resto del documento[143], sino que es el signo sin duda decisivo que revela que no se trata de un mero esbozo o proyecto de ordenación de la última voluntad sino de un acto auténtico y verdadero de expresión de la última voluntad"[144].

Mayor interés presenta la noción de firma que maneja este autor: "La firma de un documento es la estampación del nombre del testador[145], de su puño y letra, en la forma en él habitual, y que cierra el espacio en que está escrito un documento". Esta opinión no parece sea original del autor, puesto que a continuación recoge el parecer de KIPP y de ROCA SASTRE sobre qué haya que entender por firma en general: "Dice KIPP firma es el nombre escrito que cierra el espacio de un documento". ROCA SASTRE añade: "Por firma de una persona se entiende la que, en todos los actos de la vida, lo mismo en aquellos más importantes y solemnes que en los corrientes, en su relación con las demás personas, acostumbra a estampar al pie de sus escritos"[146].

---

143 Fácilmente se deduce que para este autor la firma contribuye, diría que "en igualdad de condiciones" con la autografía del resto del documento, a la comprobación de la autenticidad del mismo. No parece haga prevalecer a la autografía del resto del documento sobre la firma por cuanto se refiere a la prueba de la autenticidad del testamento.

144 PUIG BRUTAU, J:" Fundamentos", cit., p. 117.

145 Obviamente, aquí la referencia a la "estampación del nombre" no parece que pueda, ni deba, entenderse como simple estampación del patronímico.

146 PUIG BRUTAU, J: "Fundamentos". ult cit.

De alguna manera, la idea de la firma en cuanto "cierre" del documento es muy importante para PUIG BRUTAU. Junto a lo anterior, aceptando asimismo este autor el criterio de la firma "usual" o "habitual", la "habitualidad" la refiere lógicamente al empleo de esa firma "en todos los actos de la vida", es decir, tanto en los importantes jurídicamente hablando como en los que no lo sean. Es lógico este punto de vista, como se ha dicho. La "habitualidad" parece exija "generalidad", pero sin embargo no faltan opiniones en la doctrina, muy autorizadas (ALBALADEJO), que refiriéndose a la firma en el ológrafo la conectaban con aquella que el testador viniere usando en documentos jurídicos de importancia, pudiendo darse así una "habitualidad" o carácter "usual" de la firma del testador en esos documentos de trascendencia jurídica, y otra "habitualidad" o carácter "usual" de la firma referida a aquellos otros actos que no tuvieran esa trascendencia o importancia.

En cualquier caso, el autor entendía que, para llegar a conclusiones seguras en el tema de la firma, es necesario "un estudio de la casuística con la técnica que debe prevalecer en todos los sistemas de Derecho privado, por responder a su propia naturaleza". En su opinión, resultaba preciso confrontar, al menos tres SSTS (las de 8 junio 1918, 5 enero 1924 y 8 julio 1940. "Y posiblemente alguna más, para examinar si coinciden, si se contradicen, o si, más probablemente, responden a una misma ratio expresada ante diversas circunstancias. Por supuesto — concluía este autor – que para ello no basta leer las declaraciones generales de los considerandos desconectadas de las circunstancias de cada caso"[147].

Es escaso el tratamiento que Rivas Martínez dedica al tema de la firma en el ológrafo[148]. Escaso y, además, poco

---

147 PUIG BRUTAU, J: "Fundamentos", ult cit

148 RIVAS MARTINEZ, J.J.:" *Derecho de Sucesiones Común y Foral"*, Volumen I, Dykinson, Madrid, 1989, pp. 194 y ss.

clarificador para quien busca algo de luz en esta cuestión: "Por firma debe entenderse en principio – afirma – la que use normalmente el testador no siendo necesario, sin embargo, que se consigne el nombre entero y los apellidos, sino que basta que el testador firme en la forma usual o en la suficiente (aunque no sea la usual) para asegurar la autenticidad del testamento" (¿)[149].

¿Qué debe entenderse por firma "suficiente" (aunque no sea la usual)? Parece que el autor solo tiene presente la necesidad de que no quepa duda alguna de que ese escrito procede del testador, pero deja en un segundo plano la cuestión de la existencia, o no, de verdadera voluntad de testar. Esa firma "suficiente" quizá valdrá para no tener duda alguna respecto de la procedencia del escrito, identificando a su autor, pero creo que un problema bien distinto es el de si es sujeto, perfectamente identificado por esa firma "suficiente" (pero que no es la "usual" suya), no esté en el fondo manifestando que no quiso realmente otorgar testamento, y para ello se valió precisamente de esa firma "suficiente", cuyo alcance sería el puramente identificativo, de un lado, y excluyente, de otro, de una verdadera intención de testar en forma ológrafa.

A continuación, RIVAS despacha el tema de la firma con una referencia a las dos famosas sentencias de 1918 y 1924, entendiendo sientan doctrina contradictoria, por cuanto en el supuesto contemplado por el segundo de los fallos "el nombre de pila bastaba ampliamente para identificar a la firmante"[150]. Ninguna consideración cabe encontrar en RIVAS acerca de si el criterio manejado por el TS, y que llevó en un caso a admitir la validez del testamento, y en el otro por el contrario la nulidad, tuvo que ver con la habitualidad, o no, del uso sólo del nombre

---

149 RIVAS MARTÍNEZ, J.J: "Derecho de Sucesiones", cit., p. 195

150 RIVAS MARTÍNEZ: "Derecho de Sucesiones", cit., p. 196

de pila para firmar por parte de Dª Matilde, en tanto que Dª Mariana lo hiciere habitualmente con nombre y apellidos.

El tratamiento del tema por parte de ROMERO COLOMA[151] es puntual: se refiere al lugar de la firma, al supuesto en el que la firma se sitúe en el margen del documento, al de firma estampada en la primera página de un testamento que conste de cuatro, al supuesto en el que el testador haga alguna salvedad después de firmado el documento, etc. En cuanto a las funciones de aquella, toma partido decididamente por la posición de OSSORIO y LACRUZ: "La exigencia de la firma, no obstante, no se dirige tanto a demostrar la autenticidad, como la perfección del negocio"[152].

Finalmente, se plantea la cuestión acerca de la necesidad de rubricar el documento, inclinándose por la negativa (con apoyo en STS 26 julio 1926), punto de vista este que entronca con el de la función misma de la rúbrica. Si se entiende, como parece preferible, que la rúbrica no es firma, aunque normalmente acompañe a aquella, parece lógico concluir que existirá la firma, y esta será válida aun sin rúbrica.

Se ocupa RUIZ VADILLO del tema de la firma en un extenso artículo publicado en 1972, en *Revista de Derecho Privado,* en el que estudia en general esta forma testamentaria[153]: RUIZ VADILLO suministra un concepto genérico de firma, para luego pasar al tema más concreto de la firma en el ológrafo. Para él, firma es "nombre, o nombre y apellido o título de una persona que ésta pone, con rúbrica o sin ella, al pie de un documento, para darle autenticidad".

---

151 ROMERO COLOMA, A.M., "*El testamento ológrafo: estudio doctrinal y jurisprudencial.*", Dijusa, Madrid, 2006, pp. 29 y ss.

152 ROMERO COLOMA, A.M: "El testamento Ológrafo, estudio", cit., p. 29.

153 RUIZ VADILLO, E., "El testamento ológrafo", en *Revista de Derecho Privado,* 1972, pp. 615 y ss.

Claramente se ve que este autor se inclina por aceptar un concepto amplísimo de firma, como lo confirma al recoger el parecer de KIPP, quien admite como firma "el nombre que el testador lleva de hecho en la vida civil, aunque no le corresponda legalmente; de manera que también un seudónimo, un nombre de teatro, una razón social, etc, pueden ser usados, como firma, en un testamento, presuponiendo que el testador acostumbre a usarlos en la vida civil para designarse como persona"[154].

Dicho lo anterior, se plantea lo que él mismo llama "lo único exigible", y su respuesta es clara: "Parece que lo único exigible es que la firma corresponda al testador y lo identifique".

Y es también claro, que para este autor la exigencia de la firma en el ológrafo viene a "quedar incluso por debajo" de la habitualidad o carácter usual de la misma. Es decir, no se precisaría para la validez del testamento ni siquiera que el testador lo firme utilizando su firma "usual" o "habitual". Una firma que, aun no siendo la habitual, identifique al testador, sería suficiente para la validez del testamento.

Este punto de vista no parece quepa compartirlo, ni tampoco parece fuere el que tuvo presente el legislador del Código civil. Cuando el Código se refiere a la firma en el ológrafo se tiene que estar refiriendo a una realidad distinta de la representada por un seudónimo, un nombre de teatro, o una razón social. Lo que ocurre es que de lo que RUIZ VADILLO dice a continuación parece que, al final, no se separa tanto del punto de vista más extendido, sino que viene a coincidir con él: "Y pensamos que esta identificación estará en función de la modalidad que el testamento ológrafo tome. No es lo mismo un

---

154 RUIZ VADILLO, E: "El Testamento", cit., pp. 638-639.

testamento epistolar dirigido a los hijos o a la mujer, que otro otorgado, como es más normal, sin destinatario"[155].

Que el parecer del autor termina por identificarse con el criterio de la "habitualidad", se deduce de lo que añade: "Algunos quieren que sea suficiente el nombre de pila. Tan sólo lo será si alguien se sirve del mismo en la vida civil como un nombre de familia. El apellido por sí solo es bastante, el nombre de pila sólo no lo es; "vuestro fiel padre" o "el antedicho", no basta. Una rúbrica, aunque esté autenticada no es suficiente"[156].

Sin embargo, tras esa referencia a la insuficiencia de la rúbrica, lo que dice a continuación confirma de nuevo que el autor se inclina por el criterio de la "habitualidad" en cuanto a la clase de firma necesaria para la validez del testamento: "Estimo que una rúbrica puede ser suficiente si usualmente es así como terminaba sus escritos el testador. Todos sabemos hasta qué punto el ejercicio profesional imprime carácter y a veces en el garabato final de cualquier documento, de quien por razón de su oficio tiene que hacerlo diariamente muchas veces, es difícil distinguir o precisar si hay firma o rúbrica o sólo rúbrica".

En definitiva, y como no podría ser de otra manera, "en cada caso, será el Juez o Tribunal quien deba determinar la suficiencia o insuficiencia del rasgo"[157].

Se refiere San Segundo Manuel a las funciones de la firma, sin inclinarse por atribuir mayor importancia a alguna de ellas: "La firma, además de servir para comprobar la autoría, sirve para plasmar que la intención del testador fue la dejar un "documento" y no un mero escrito sin trascendencia

---

155 Ruíz Vadillo, E: "El Testamento", cit., p. 639.

156 Ruíz Vadillo, E: "El Testamento", cit., pp. 639-640, nota 90.

157 Ruíz Vadillo, E: "El Testamento", cit., pp. 640. El autor se refiere a la absoluta unanimidad existente acerca de la insuficiencia de la estampilla.

alguna"[158]. Parece así que para la autora ambas funciones se presentan con idéntica importancia.

Nada de interés cabe encontrar por cuanto a la firma se refiere en la obra de SASTRE Y SANTOS, puesto que se limita a indicar la necesidad de "hallarse el testamento escrito y firmado de mano propia del mismo testador"[159].

SERRANO ALONSO se plantea la cuestión de qué se entiende por firma en el olágrafo, y dice lo siguiente: "La manera habitual con la que suscribe sus escritos, por ello según su costumbre podrá consistir en su nombre de pila, o en el nombre y uno o dos apellidos, o incluso en su título nobiliario o seudónimo, siempre que sea el modo ordinario de autorizar sus escritos"[160].

Este autor, como se ve, se inclina claramente por el criterio de la "habitualidad" o carácter "usual" de la firma, pero de manera excesivamente amplia, por cuanto admite asimismo como firma, siempre que se diere el criterio de la habitualidad, el título nobiliario o el seudónimo.

Para TORAL LARA, que sigue muy de cerca, y así lo manifiesta expresamente, los criterios defendidos por TORRES GARCÍA, las funciones de la firma en el ológrafo "son fundamentalmente dos: la perfección de la declaración de voluntad escrita por el causante, confiriéndole la naturaleza de

---

158 SAN SEGUNDO MANUEL, T., "El testamento ológrafo. Exigencias de carácter formal. La importancia del medio utilizado como soporte material del testamento ológrafo y su relación con la intención de testar", en *Revista Crítica de Derecho Inmobiliario,* número 705, febrero 2008, pp. 411 y ss.

159 SASTRE y SANTOS, S.: "*Estudio del testamento ológrafo*", Segovia, junio 1889, Imprenta de S. Rueda, p. 29.

160 SERRANO ALONSO, E, *Manual de Derecho de Sucesiones,* 2ª edición, revisada y puesta al día por EDUARDO SERRANO GÓMEZ, Edisofer, Madrid, 2002, p. 114.

acto concluido, y la identificación del testador, coadyuvando a la identificación que se realiza con la propia autografía del testamento"[161]. Parece así que, para TORAL, aun cumpliendo la firma dos funciones, una de esas funciones prevalece de alguna manera sobre la otra: En este sentido, la función principal de aquella es la de perfeccionar la declaración de voluntad del testador, puesto que respecto de la función identificadora (o identificativa) del testador, el papel de la firma sería el de "coadyuvar a la identificación que se realiza con la propia autografía del testamento".

En este sentido, de lo que esta autora añade a continuación se deduce, correctamente, que no es posible situar en un mismo plano la función de la firma como "perfeccionadora" de la declaración de voluntad del testador, que como "identificativa" del mismo: "El CC exige que el documento esté firmado para que tenga el carácter de testamento ológrafo, para que se ponga de manifiesto la existencia de auténtica voluntad negocial, y poder distinguirlo de los meros deseos, apuntes o borradores"[162]. Esta es, sin duda, la función esencial de la firma en el ológrafo. Frente a esta función, la esencial, el papel de la firma en cuanto a la identificación del testador, la función "identificativa" en definitiva, jugaría un papel muy secundario.

Se ocupa después de la cuestión de qué firma debe considerarse puede llenar el requisito de la firma en esta forma testamentaria. Se formula la interrogante de si basta con escribir al final del documento el nombre patronímico, o es necesaria la consignación del nombre completo y también la rúbrica. Acude a la jurisprudencia, comenzando cómo no por las famosas sentencias de 1918 y 1924, sin que su análisis aporte datos nuevos a los ya conocidos habitualmente. Transcribe asimismo el

---

161 TORAL LARA, E., "Presente, pasado y Futuro", cit., p. 1390.

162 TORAL LARA, E: "Presente, pasado y Fututo", cit., p. 1390.

tercero de los fundamentos de Derecho de la STS 5 mayo 2011 (a la que se hará referencia en otro lugar), para concluir que "bastará con que la firma utilizada sea una firma habitual, con carácter amplio"[163], siguiendo el parecer de TORRES GARCÍA[164], y sin precisar con algo más de detalle qué entiende por firma habitual, pasa a continuación a ocuparse ya de la polémica cuestión de la validez de la firma electrónica.

La profesora TORRES es autora de la aportación doctrinal más importante por cuanto al testamento ológrafo se refiere (*El testamento* ológrafo, Madrid, Montecorvo, 1977), aunque cabe citar también citar otras aportaciones posteriores sobre el tema[165], siquiera con planteamientos sustancialmente

---

163 TORAL LARA. E: "Presente, Pasado y Futuro", cit., p. 1392.

164 TORAL LARA, E: "Presente, Pasado y Futuro", cit., ult cit, nota 12, aun recogiendo el punto de vista de GARCÍA CANTERO en el sentido de que la firma debe comprender el nombre en sentido amplio y su rúbrica, así como que el nombre debe ser legible y la rúbrica consistir en un trazo firme, que el autor debe reiterar siempre con igual o aproximado dibujo,

165 "Comentario al artículo 688 del Código civil", en AA. VV: *Comentarios al Código Civil y Compilaciones Forales (*Direct. ALBALADEJO GARCÍA, *M*), Tomo IX, Volumen 1°-A, Editorial Revista de Derecho privado, Madrid, 1990, pp. 415 y ss. (en lo que se refiere al tema de la firma); también en *Comentario del Código Civil, Tomo I, Ministerio de Justicia,* (Direct ARES RODRÍGUEZ, P, DÍEZ PICAZO, L; BERCOVITZ RODRIGUEZ CANO, R y SALVADOR CODERCH, P), pp. 1738 y ss.; y en *Código Civil Comentado, Volumen II, Libro III. De los diferentes modos de adquirir la propiedad (artículos 609 a 1087),* (Direct. CAÑIZARES LASO, A, DE PABLO CONTRERAS, P; ORDUÑA MORENO, J y VALPUESTA FERNÁNDEZ, R, Thomson Reuters, Cizur Menor (Navarra), 2011, pp. 393 y ss.; cfr. también, TORRES GARCÍA, T y PONCE SOLÉ, R "Otras formas testamentarias: el testamento ológrafo en el Código Civil y en el Código Civil de Cataluña", en *Tratado de Derecho de sucesiones, Tomo I,* en AA. VV: (Direct. GETE ALONSO Y CALERA, y, Coord. PONCE SOLÉ, R), Cívitas-Thomson-Reuters, Cizur-Menor (Navarra), 2011, pp. 449 y ss.

coincidentes con los mantenidos en la monografía del año 1977 (para el tema de la firma, pp. 312-348).

El planteamiento básico del que parte TORRES GARCÍA presupuesta la necesidad de que la firma acompañe a toda declaración de voluntad para que tenga eficacia jurídica, es la constatación de que en el Código "ni se da un concepto de ella ni siquiera se dice en qué ha de consistir la misma". La autora trata de dar una explicación a lo que acaba de decir, y esa explicación la encuentra "bien en que el legislador da por sabido (ese concepto), bien porque es un término relativo y su concepto depende de la función que la firma viene a cumplir en el referido negocio jurídico documentado"[166].

La premisa anterior conduce, en su opinión, a una conclusión básica en materia de firma en el ológrafo: "Será preciso determinar no que es la firma, sino lo que se entiende por ella en el testamento ológrafo. De ahí que para ofrecer un concepto de firma no podemos utilizar aisladamente ninguno de los criterios que acerca de la firma ofrece la doctrina, sino que será preciso tener en cuenta las finalidades que cumple en el testamento ológrafo para así poder determinar con qué forma se considera a éste firmado"[167].

Con todo, quizá quepa pensar que, cualesquiera sean las finalidades que la firma cumpla en el ológrafo[168], presupuesto

---

166 TORRES GARCÍA,T, "Comentarios, .cit., p. 415.

167 TORRES GARCÍA, T:" Comentarios", loc, ult cit.

168 Aludiendo a la incidencia que la firma puede tener en el ológrafo cuando el testador sea persona dependiente, DIAZ ALABART, S. "por cuanto el tipo de firma empleado puede ser un indicio de falta de capacidad testatoria, o de que la persona al redactar el documento realmente tenía o no una clara voluntad de disposición *mortis causa*", *El testamento,* cit., p. 17. En esta misma línea, la autora arguye que, así como en el testamento abierto "el mero hecho de cumplir las formalidades ya presupone la existencia de una

que el legislador habla de *firma* en el artículo esencial del Código en cuanto a esta forma de testamento se refiere, de alguna manera ha de estar presuponiendo un concepto o una noción de firma, cualquiera que esta sea.

De otra parte, y en lo referido a las finalidades que cumple la firma en esta forma testamentaria, tampoco se presenta exento de dudas el punto de vista de TORRES GARCÍA, en su opinión, la función de la firma en cuanto perfeccionadora del acto de la declaración de voluntad del testador y la función de la firma en cuanto identificadora del firmante (a través de la escritura), la autora sitúa ambas en un plano equivalente, siendo así que, si bien es innegable que la firma cumple ambas funciones, el papel de la firma es mucho más importante en cuanto "perfeccionadora" de la declaración de voluntad del testador, que en cuanto "identificadora" de la persona misma del testador; parecer éste que se sostiene por autorizada doctrina.

A continuación, y partiendo lógicamente de que la firma "ha de ser puesta por el testador", TORRES excluye acertadamente de "la consideración de firma necesaria para el testamento ológrafo", los supuestos de firma simplemente manuscrita[169], firma por medios diferentes de los autógrafos, huella digital, y la declaración de no saber firmar"[170].

---

voluntad testamentaria, en el ológrafo hay que deducirla del propio texto manuscrito", aserto éste que, siendo válido desde luego como planteamiento general, aun se presenta con mayor intensidad cuando se trate de persona dependiente. *El testamento,* cit., p. 34.

169 Quizá convenga matizar que cuando TORRES se refiere a "firma simplemente manuscrita", está diferenciando entre "la escritura a mano del nombre y apellidos de quien así firma", y la "firma personal" del sujeto. El "manuscribir el nombre y los apellidos", no es la firma personal.

170 TORRES GARCÍA, T: "Comentarios", cit., pp. 418-420.

Tras las anteriores exclusiones, la autora afirma que "Al no tener ningún precepto que para el testamento ológrafo nos diga qué firma ha de ser puesta por el testador, es preciso inclinarse por una de estas dos opciones: a) nombre y apellidos; b) firma habitual"[171], siquiera atribuyendo clarísima prevalencia a la segunda de estas opciones: "Este concepto de firma (firma habitual), aunque no aparezca configurado legalmente, *es el que debemos mantener como la que se exige para que el testamento ológrafo se entienda firmado*[172]".

Dos son las razones en las que TORRES apoya esa conclusión fundamental: de una parte, "porque es un concepto amplio (el de firma habitual) y comprende no sólo las firmas en las que se haga constar el nombre y los apellidos del autor, sino también todos aquellos casos en los que existe firma aunque a través de ella se lea sólo el nombre de pila o el apellido"; de otra parte, porque "con este requisito de la habitualidad cumple la firma las dos funciones que se le asignan en el testamento ológrafo; pues si ésta perfecciona el acto testamentario, ese *animus firmandi* volitivo se manifestará más claramente por medio de la firma habitual o usual del testador por ser con la que él firma todos sus escritos, y además este requisito de la habitualidad está en perfecta armonía con la exigencia del reconocimiento que de la escritura y firma tienen que hacer los testigos en cuanto que éstos deben reconocer la firma como la del testador. . ."[173].

---

171 TORRES GARCÍA, T:" Comentarios", cit., pp. 423-424

172 La cursiva es mía.

173 TORRES GARCÍA, T: "Comentarios"., loc ult cit.

5. A MODO DE CONCLUSIÓN

Dejando ahora al margen en lo que al ológrafo se refiere la cuestión de la llamada firma electrónica, es indudable que el legislador del Código (art. 688.2º)[174] partió de una noción

---

[174] En el testamento ológrafo la exigencia de la firma no sólo se desprende del párrafo 2º del art. 688, sino también del párrafo 3º de dicho artículo ("Si contuviese palabras tachadas, enmendadas o entre renglones, las salvará el testador bajo su firma"). Al margen ahora del lenguaje un tanto decimonónico empleado, propio por lo demás del tiempo del CC, el alcance de ese párrafo 3º ha suscitado algunas dudas en la doctrina (TORRES GARCÍA, DIAZ ALABART). Así, la referida a si en el caso de que el testador ha tachado, enmendado, o incluido entre renglones alguna palabra, bastará con la firma del testador o si, además, hay que especificar la intención de salvar las modificaciones. El párrafo 3º ciertamente se limita a decir "las salvará el testador bajo su firma", con lo que parece que la exigencia legislativa no vaya más allá de esto, sin que en consecuencia se precise la intención de salvar las modificaciones. Que convenga expresar claramente en el testamento la intención de salvar esos cambios, no ofrece duda, pero no siendo así quizá el parecer más acertado sea el de hacer entrar en juego la ubicación misma de la firma, de modo que no quepa duda razonable en cuanto a la "conexión" entre la colocación o inserción de firma y la (s) palabra(s) que el testador desea salvar; por ejemplo, debajo de la palabra tachada (DIAZ ALABART, S: *El testamento,* cit., pp. 39-40, nota 47). Cuando esa colocación o ubicación de la firma no haga posible establecer la apuntada conexión entre firma y palabra (s) tachada (s), cabría sostener la necesidad de una especificación al respecto. En cualquier caso, lo que no resulta congruente ni lógico, dado además el formalismo del ológrafo, y la ausencia de notario en su otorgamiento, es que la firma destinada a salvar esas palabras se presente de modo o manera que haga surgir dudas de entidad en cuanto al propósito del testador de salvarlas.
Existe asimismo duda respecto a si siempre que haya algún tipo de modificaciones señaladas en el testamento, es preciso en todos los casos que el testador firme dos veces (una como elemento esencial para determinar la autoría del testamento, y otra como prueba de

o concepto de *firma* que, quizá, por obvia o elemental dio por supuesta, y que no parece razonable pensar fuera distinto del existente en la sociedad española de finales del siglo XIX. A esa noción o concepto de firma, generalmente aceptada en la época, es a la que hay que presumir se refirió el legislador de 1889. Se ha dicho hasta la saciedad que no es el nuestro un Código técnico (como el alemán), tampoco lo es su lenguaje.

Si se parte de lo anterior, quizá ello fuera suficiente para excluir como *firma* válida (a los efectos del párrafo 2° del art. 688 CC) la integrada únicamente por el patronímico, o la sola rúbrica[175], y ello porque ni el patronímico ni la sola rúbrica (por si solas) integrarían la noción de firma que, presumiblemente, se tenía por tal al tiempo de la promulgación del CC. ¿Es razonable pensar que el legislador del CC cuando se redactó ese art. 688.2, estaba concibiendo como *firma* a los efectos de ese precepto el empleo del solo patronímico o el de la sola rúbrica?

De otro lado, y en apoyo también de lo que se acaba de decir, quizá cabría traer asimismo a colación un argumento

---

que las modificaciones efectuadas son de la mano del testador) (Torres García). En su opinión, si las modificaciones en el texto se llevan a cabo en el momento de la redacción bastará con la firma final, pero si no es así deberán ser dos las firmas. A favor de que baste una sola firma en el primero de los supuestos, con tal de que antes de la misma el testador declare expresamente su intención de salvar los cambios efectuados y señale cuales son, Diaz Alabart.

175 No cabe compartir el parecer de quienes afirman que "el CC no exige más que el hecho de la necesidad de que conste la firma en el escrito testamentario", pero como presupuesto previo habrá que determinar que se entiende, o presumiblemente entendió el legislador del CC por *firma*. En el sentido expuesto, Espino Bermell, C: *El testamento,* cit., pp. 169-170. "Es bien seguro que cualquier firma incluso formada sólo por la rúbrica es plenamente válida si no plantea problemas de identificación del causante en la fase de adveración".

sociológico. El CC es hijo de su tiempo, refleja un liberalismo templado, fruto en definitiva de una ideología liberal burguesa, más preocupada desde luego por lo patrimonial que por lo personal, incluso lo segundo se contempla en muchas ocasiones en función de aquello. Preocupa la propiedad individual, se tolera el condominio, pero se favorece su extinción. Si todas estas consideraciones se trasladaran por un momento al campo de la sucesión por causa de muerte, y, más en concreto, al propio de la sucesión testamentaria, la importancia del negocio jurídico testamentario se impone por evidente; la definición del testamento en el art. 667 (disposición de todos los bienes del testador, de parte de ellos), ¿de verdad casaría bien esa importancia del testamento con una modalidad testamentaria, como lo es el ológrafo, en la que valdría como *firma* el solo empleo de un patronímico, o la utilización de la sola rúbrica, y ello aunque fuere posible así la identificación del testador? ¿Armonizaría la importancia misma propia del negocio jurídico testamentario con un tal grado de simplicidad de uno de sus elementos esenciales, como lo es el de la firma del testador?; si de otra parte, se tiene en cuenta la suma sencillez del ológrafo en cuanto a sus formalidades, ¿resultaría lógico que pese a ello, además de ello, se relajara aun más el requisito de la *firma* del testador, teniendo por válida ¡cualquier firma¡ incluso prescindiendo (en el parecer de algunos) del criterio de la habitualidad?.

Todo lo anterior parece debería llevarnos, siquiera como conclusión provisional, a la de que la firma en el ológrafo ha de responder (al menos en línea de principio) a lo que usualmente se considera tal, y a lo que muy presumiblemente se consideraba tal al tiempo en el que el Código se promulgó: nombre de pila con dos apellidos, o uno sólo, la inicial del nombre y uno o dos apellidos, etc.[176]. Y es que el ológrafo es un testamento, carente desde luego de las solemnidades propias del testamento abierto, pero testamento al fin y al cabo[177]. No llevemos, pues, esa disminución de formalidades más allá de donde las llevó el propio legislador.

---

176 En este sentido, DIAZ ALABART, S: *El testamento,* cit., pp. 37 y 39, quien alude también a que la firma que podríamos llamar informal en el texto manuscrito desdice de la seriedad de la intención, por cuanto el testamento no es algo que vaya dirigido sólo a los que instituye sucesores, sino que es un modo de hacer saber a todos y de forma oficial como se quiere ordenar la propia sucesión.

177 En este sentido, con argumentación acertada, DIAZ ALABART, S: *El testamento,* cit., pp. 33. "Aunque sea un lugar común, —afirma –hay que tener presente que en nuestro ordenamiento el testamento es un negocio esencialmente solemne, aunque las formalidades exigidas para un tipo de testamento puedan ser diferentes de las que se precisan para otro". La autora añade que si bien el ológrafo, obviamente, no precisa de la intervención de fedatario público, ni de testigos, eso no quiere decir que carezca de requisitos de solemnidad, "sino que éstos, por la propia naturaleza de ese testamento, tienen matices diferentes en algunos extremos de los exigidos para el testamento abierto". El hilo argumental se refuerza trayendo a colación el art. 676 CC, a cuyo tenor el ológrafo no es un testamento especial, sino común al igual que el testamento abierto o el cerrado.
Con apoyo en el art. 688 CC, la autora citada deduce del cumplimiento de tales formalidades el propósito del legislador de "equiparar" el aspecto solemne del ológrafo con los otros testamentos también ordinarios, abierto y cerrado, en los que es necesaria presencia material del testador ante el notario ya es una garantía". De otra parte, la necesidad y conveniencia de no minusvalorar en modo alguno los requisitos formales del ológrafo, se apoyaría en su opinión en la circunstancia de que, mientras en el testamento abierto, "el mero hecho de cumplir las formalidades ya presupone la existencia de una voluntad testamentaria, en el ológrafo (esa voluntad) hay que poder deducirla del propio texto manuscrito" (loc. ult. cit., p. 34). En síntesis, si en todos los testamentos el cumplimiento de los formalidades y requisitos de autentificación se exigen con absoluto rigor, "parece claro que con mayor motivo debería exigirse el

De otra parte, la misma importancia del negocio jurídico testamentario ¿no debería llevar a no manejar con amplitud quizá excesiva el criterio de la *habitualidad,* considerando válidas a su amparo modalidades de *firma* que se aparten de lo que usual y corrientemente se entiende por tal? ¿Encaja acaso el acto de otorgar testamento en la actividad jurídica usual, ordinaria o habitual de una persona corriente?; ¿la propia importancia de tal acto jurídico no sería suficiente para no incluirlo en el marco de esa actividad jurídica normal, ordinaria o cotidiana, que una persona desarrolla habitualmente?

De otra parte, el criterio de la *habitualidad,* el de la *firma habitual,* presenta asimismo inconvenientes de importancia en los que no siempre se repara. Por de pronto, es innegable introduce una notable dosis de inseguridad, en cuanto depende de una prueba no siempre sencilla. Además, las *habitualidades* pueden ser más de una. La "habitualidad" parece exija "generalidad", pero sin embargo no faltan opiniones en la doctrina, muy autorizadas (ALBALADEJO), que refiriéndose a la firma en el ológrafo la conectaban con aquella que el testador viniere usando en documentos jurídicos de importancia, con lo que cabría pensar así en una "habitualidad" o carácter "usual" de la firma del testador en esos documentos de trascendencia jurídica, y otra "habitualidad" o carácter "usual" de la firma referida a aquellos otros actos que no tuvieran esa trascendencia o importancia. Cuando esa *habitualidad* no fuera coincidente, ¿a cuál de ellas debería estarse?: presumiblemente a la primera, pero ¿sería esta la opción acertada?

Además, el criterio mismo de la *habitualidad* diríase se ha venido apoyando con frecuencia en la circunstancia (nunca

---

cumplimiento de todos y cada uno de los requisitos del testamento ológrafo en el que, por sus características, son mucho menores las cautelas que pueden imponerse al testador en el momento de otorgarlo" (pp. 34-35).

contrastada) de que la testadora Dª Matilde (STS 1918) venía firmando habitualmente con sólo el patronímico, con lo que el suscribir asimismo con el solo nombre "Matilde" no habría sido sino una prueba más de esa *habitualidad*. En este sentido, argüia DIEZ PICAZO[178] que el argumento a favor de la validez no cabe encontrarlo en la circunstancia de que Dª Matilde firmara habitualmente sus escritos con el solo nombre de pila (para nada se alude al criterio de la habitualidad en la firma con el solo patronímico por parte de la testadora), sino por el contrario en el "tono" o "circunstancias" del escrito testamentario. Ello fue lo determinante para considerar válida la firma ("En este caso, sin embargo, el criterio es más benévolo y menos estricto").

---

[178] DIEZ PICAZO, L. *Estudios*, cit., p. 611. Más recientemente, excluyendo asimismo ese falso argumento de la *habitualidad*, DÍAZ ALABART, S: *El testamento*, cit., p. 42.

Capítulo III

¿Testamento ológrafo versus firma electrónica?

1. LA CONVENIENTE, Y QUIZÁ NECESARIA, REVISIÓN CRÍTICA DE ALGUNOS ASPECTOS DEL TESTAMENTO OLÓGRAFO

Los cambios tecnológicos de nuestros días han convertido prácticamente en inusual el envío de cartas manuscritas, de felicitaciones navideñas, sustituidas por el correo electrónico y otros varios medios de comunicación puestos a nuestra disposición por las nuevas tecnologías. Un mundo, en definitiva, en el que la palabra

"escribir" se ha hecho sinónima de tarea o actividad que se desarrolla o lleva a cabo a través de un procesador de textos[179].

---

179 De interés en relación con la actual concepción de la escritura, y de la manera de escribir, y las gravísimas dificultades para su aplicación a la forma ológrafa de testar, las consideraciones de Moreton Sanz, M.F, en su trabajo "La firma habitual "Cuestiones sobre la firma habitual o de *"MANO PROPIA"* como requisito de validez", en *Revista Crítica de Derecho Inmobiliario, número 727, 2011, pp. 2857 y ss.* En especial, pp. *2864 y ss:* "Sobre la autografía total y la sustitución de la caligrafía por la escritura mecánica, por los razonamientos alegados conviene traer razón – afirma la autora – de la Sentencia del Tribunal Superior de Justicia de Navarra (Sala de lo Civil y Penal), de 31 de octubre de 2008, en tanto describe cómo "la parte recurrente hace ímprobos esfuerzos para tratar de llevar a esta Sala al convencimiento de que la autografía no es un requisito esencial

---

del testamento ológrafo, llegando a afirmar que otra solución sería "magnificar la forma a ultranza. . . .abrazar un formalismo tan exagerado y trasnochado que se contradice con los principios de nuestro Derecho Foral al respecto". En la referida línea argumentativa aduce que la exigencia de la autografía como requisito esencial del testamento ológrafo contradice el artículo 3 del Código Civil, en alusión a que hoy en día la forma normal de escribir es mediante ordenador, habiendo caído en desuso la autografía; de modo que la realidad social, así expuesta, exige una interpretación acorde con ella. El razonamiento no puede ser compartido. Es evidente que esta forma testamentaria presenta algunos inconvenientes, quizás el más destacado sea el de que la falta de asesoramiento técnico-jurídico acerca de sus requisitos esenciales puede producir su nulidad. Pero no podemos dejar de resaltar las indudables ventajas que tiene, concretadas en su sencillez y rapidez, al permitir que una persona pueda expresar su voluntad testamentaria de forma inmediata, en atención a las circunstancias concurrentes, surgidas a veces de forma imprevista y grave. Por ello no es cierto que la realidad social imponga la solución que propone el recurso".
Más recientemente, señala con acierto DIAZ ALABART como uno de los grandes problemas que presenta en la actualidad el testamento ológrafo, independientemente de que quien lo otorgue sea joven o anciano, es que las personas rara vez escriben manualmente, sino que lo hacen a través de medios electrónicos. Eso trae consigo que en el momento de adverar el testamento ológrafo (esto es, comprobar con testigos o con el dictamen de un perito calígrafo, que el testamento efectivamente lo ha escrito el testador), sea difícil cuando no imposible contar con suficientes muestras de la escritura del testador aproximadamente del tiempo en el que se otorgó el testamento. Estas circunstancias pueden llevar a la imposibilidad de determinar con la seguridad necesaria que quien lo escribió fue el testador". La gravedad del problema conduce a la autora citada a una conclusión de gran trascendencia en cuanto al futuro mismo del testamento ológrafo en su actual configuración: "Es un problema difícil de solucionar que puede llevar a la desaparición del ológrafo como forma de testar, o a un cambio radical respecto de su actual concepto", DIAZ ALABART, S: *El testamento ológrafo,* cit., p. 15, nota 13.

¿Qué duda cabe que lo anterior ha de tener, debería tener quizá, alguna incidencia en el tema de la autografía del testamento, y asimismo en el de la firma de aquél?[180] ¿Acaso tiene sentido el mantenimiento en el Código de una forma testamentaria tan alejada, por sus exigencias, de los parámetros y modos de vida actuales?[181] No creo en la admisión de un

---

180 Sobre este punto de partida descansa toda la argumentación de GARCÍA MAYO, M: *El testamento ológrafo*, cit., pp.36-37.

181 Pensemos, por ejemplo, en la exigencia de la mayoría de edad para testar en forma ológrafa. Se ha dicho tradicionalmente que tal exigencia encontraba su razón de ser en la fijación o determinación de los caracteres caligráficos de la persona. Pero esto, que pudo ser verdad en 1889, cuando la mayoría de edad se alcanzaba a los veintitrés años, parece que carece de sentido en la actualidad, al alcanzarse a los dieciocho. ¿Qué decir asimismo de la exigencia de que el testamento esté escrito "de puño y letra" del testador, y ello por un doble argumento: de una parte, la protección de las personas con algún tipo de discapacidad, parece debería conducir a admitir la posibilidad de admitir el ológrafo escrito valiéndose de los pies o de la boca; de otra parte, quizá convendría tener en cuenta que el único artículo del Código en el que, literalmente, se hacía referencia a la circunstancia de que el ológrafo viniere escrito *"de mano del testador"* era el artículo 691, en su redacción anterior a la que le ha venido dada por la Ley 15/2015, de la Jurisdicción Voluntaria:
"Presentado el testamento ológrafo, y acreditado el fallecimiento del testador, el Juez lo abrirá si estuviere en pliego cerrado, rubricará con el actuario todas las hojas y comprobará su identidad por medio de tres testigos que conozcan la letra y firma del testador, y declaren que no abrigan duda racional de hallarse el testamento ***escrito y firmado de mano propia del mismo****" (artículo 691.1. CC,* en su redacción anterior a la que le ha venido dada por Ley 15/2015.
Tras la reforma antedicha, el texto del 691 queda como sigue:
"P*resentado el testamento ológrafo y acreditado el fallecimiento del testador, se procederá a su adveración conforme a la legislación notarial"*.
Lo que quiero decir es que la referencia identificativa de la *"autografía"* con un escrito *"de mano propia del testador"*, no cabía extraerla del artículo del Código que define qué haya de entenderse por

testamento ológrafo electrónico a la que se pudiera llegar por vía interpretativa de la regulación vigente.

2. LA CUESTIÓN DE LA LLAMADA "FIRMA ELECTRÓNICA". PLANTEAMIENTO GENERAL

Ciertamente el tema de la aplicabilidad al ológrafo de la firma electrónica[182] no cuenta, desde luego, con el favor de la doctrina más autorizada[183]. Entre las aportaciones relativamente

---

testamento *ológrafo*. El precepto básico en el Código por cuanto al testamento ológrafo se refiere no permite, ni permitía, identificar en exclusiva el carácter *ológrafo* del testamento con la circunstancia de que la escritura de este procediera *"de mano del testador"*. A semejante conclusión se llegaba, no a través del 688 (precepto definidor y básico en la materia), sino a través del 691.1 (en su redacción de 1889), precepto éste último de carácter más procedimental que propiamente material o sustantivo.

En cualquier caso, una cosa es la problemática referida a si el ológrafo necesariamente ha de venir escrito "de propia mano del testador", cuestión esta respecto a la que quizá cabría albergar dudas, sobre todo o tras la reforma del 691.1 por la Ley de la Jurisdicción Voluntaria, y otra bien distinta el tema de si la firma del testamento cabría que dejara de ser "autógrafa" (aunque se estampase de mano del testador, o de su boca, o de sus pies), para pasar a ser admisible asimismo (en orden, claro es, a la validez del testamento) la llamada "firma electrónica", o cualquiera otra modalidad de firma que, no siendo "autógrafa", hiciera posible asegurar de manera plena la identidad del testador.

182 Refiriéndose a la firma electrónica, afirma TORRES LANA que aquella "se inscribe en el proceso de búsqueda de un procedimiento mecánico capaz de sustituir a la clásica firma autógrafa o manuscrita, pero conservando su nivel de eficacia jurídica"., "Forma del Negocio", *p. 512.*

183 Más recientemente, defendiendo con profusa argumentación la posibilidad y viabilidad del testamento ológrafo electrónico, GARCÍA MAYO, M: *El testamento ológrafo electrónico,* Aranzadi, Navarra, 2024.

recientes[184], la de GARCÍA CANTERO, no deja lugar a la más mínima duda acerca de su imposibilidad. Bajo la rúbrica "Algunas propuestas"[185] por cuanto a esta forma testamentaria se refiere, el autor afirma lo siguiente: "La *autografía* total del testamento ológrafo es su razón de ser y el quicio básico de sus efectos. Hay que explicar lo que significa la expresión codicial, sin tergiversarla, y rechazar en consecuencia todo texto testamentario que no sea íntegramente manuscrito. . . La utilización – añade – de cualquier artificio mecánico para escribir el texto nos sitúa fuera de esta modalidad testamentaria. . .. Entiendo igualmente que la firma de quien lo suscribe debe poseer iguales caracteres"[186].

A la vista de lo anterior, pocas dudas caben acerca de la inaplicabilidad de la firma electrónica al ológrafo según el parecer de GARCÍA CANTERO. A su juicio, el uso de cualquier artificio mecánico "para escribir el texto", pura y simplemente, nos llevaría fuera de esta modalidad de testamento. Y lo dicho para el texto del testamento, el autor no duda en extenderlo asimismo a la firma (a la que exige que posea "iguales caracteres" que los dichos respecto del texto).

A continuación, GARCÍA CANTERO aborda ya directamente el problema del llamado "testamento ológrafo electrónico", al que no duda en calificar de "radicalmente incompatible con

---

184 En esta misma línea, TORRES GARCÍA, T y SOLÉ, R, "Otras formas testamentarias" pp. 457. TORRES GARCÍA sostiene la absoluta imposibilidad de aplicar el artículo 196 del Reglamento Notarial (según el RD 45/2007, de 19 de enero), sobre firma electrónica reconocida.

185 El epígrafe "Algunas propuestas" se incluye en el trabajo del autor que, con el título "Testamento ológrafo: ¿transformarse o morir?", publicó en *Actualidad Civil,* número 11, correspondiente al mes de noviembre de 2013, pp. 1221 y ss. El tratamiento de las que el autor denomina "Algunas propuestas", se contiene en las páginas 1241 y ss.

186 GARCÍA CANTERO, G: "Testamento Ológrafo", cit., p. 1242

la vigente regulación codicial"[187]. El autor parte de un expreso reconocimiento de los "indudables beneficios de aplicar las nuevas tecnologías a las relaciones de la Administración con los ciudadanos, y de éstos entre sí", pero no deja de llamar la atención – añade, en apoyo de su posición – "que la legislación hasta ahora dictada omita el sector de las relaciones jurídicas *mortis causa*", siendo decisivos los argumentos que proporciona la doctrina mayoritaria" (en contra, naturalmente de una tal aplicabilidad)[188].

---

[187] No cabe sino estar de acuerdo con esa "radical incompatibilidad" a la que se refiere GARCÍA CANTERO, aunque otra cosa es reflexionar de alguna manera sobre si esa "vigente regulación codicial" se ajusta, o no, a los cambios acontecidos en la vida social, y en los modos o maneras de actuar de las personas, consecuentes a la cada vez más amplia implantación de las llamadas (quizá ya con una terminología anticuada) "nuevas tecnologías". En tal caso, y en la opción entre conservar, de una parte, la vigente regulación codicial en materia de ológrafo o, de otra, tratar de buscar soluciones que hicieran posible una cierta "integración", o "compatibilidad" entre ológrafo y nuevas tecnologías, quizá habría que inclinarse por la segunda, aunque la cuestión no se presente fácil.

[188] GARCÍA CANTERO, G: Testamento Ológrafo", cit., p. 1242. En mi opinión, aun siendo qué duda cabe una opinión autorizada, la de GARCÍA CANTERO, que la legislación dictada hasta ahora en materia de nuevas tecnologías "haya omitido el sector de las relaciones jurídicas *mortis causa*", quizá no sea del todo decisiva. Las razones de esa omisión podrían encontrarse tal vez en ese carácter "venerable" que sin duda presenta nuestro Código civil, máxime cuando del Derecho de sucesiones por causa de muerte se trata. Esa venerabilidad, esa "ancianidad" de nuestro primer cuerpo legal, quizá expliquen un cierto "temor" del legislador a hacer entrar en ese ámbito el juego de las más recientes tecnologías. Pero esto, creo, que es algo bien diferente a afirmar que no exista necesidad alguna de plantearse, *de lege ferenda,* esa hipotética entrada, al menos si se quiere que las figuras que el Código regula mantengan la debida, y necesaria, conexión con las exigencias de la realidad social de nuestro tiempo. Es mucho el tiempo transcurrido desde la promulgación del CC,

3. LA DISTINCIÓN ENTRE "FIRMA ELECTRÓNICA" Y "FIRMA DIGITAL". INAPLICABILIDAD A LA FORMA OLÓGRAFA DE TESTAR

Al amparo de la Ley 59/2003, de 19 de diciembre, de firma electrónica, cabe ciertamente distinguir entre "firma electrónica" y "firma digital", señalándose asimismo que mientras la "firma electrónica" es el género, la "digital" sería la especie, pero una especie "más aventajada, – afirma TORRES LANA – no en vano es conocida también como firma electrónica avanzada"[189].

Mientras que la denominación de "firma electrónica" cabría referirla a "cualquier método o símbolo basado en medios electrónicos, utilizado o adoptado por una parte con la intención actual de vincularse o autenticar un documento,

---

y, por cuanto al ológrafo se refiere, varios son los aspectos necesitados de una cierta reflexión. A algunos de ellos ya se ha hecho referencia (así, entre otros, quizá su misma denominación, ¿acaso no sería conveniente o preferible hablar de "autógrafo", en vez de "ológrafo"?; la exigencia de la mayoría de edad, carente de sentido en la actualidad, si es que se dice que obedecía a la fijación de los caracteres caligráficos del individuo, la autografía, si es que se quiere seguir haciendo sinónima de documento "escrito de puño y letra" del testador, máxime tras la nueva redacción del 691.1 CC por la Ley 15/2015, de la Jurisdicción Voluntaria, que quizá permita dar cabida a la escritura de un testamento ológrafo por personas que escriban con la boca o con los pies, y asimismo, el tema de la firma también parece necesite de algún tipo de reflexión). Se trataría, pues, "actualizar" de alguna manera esta forma testamentaria, adaptándola a la actual realidad social, o, caso contrario, plantearse la conveniencia de su desaparición.
La cuestión entonces sería la siguiente: ¿tiene sentido mantener en el Código, sin tratar de buscar una adaptación de las mismas a la actual realidad social, y por respeto al designio de un legislador de finales del siglo XIX, figuras escasamente carentes de aplicabilidad en nuestro tiempo?

189 TORRES LANA J.A: "La Forma del Negocio". cit., p. 513.

cumpliendo todas o algunas de las funciones de la firma manuscrita[190], la firma digital ya es otra cosa[191]. "El cumplimiento de estos requisitos supone, de entrada, – añade Torres Lana – la opción por una solución técnica más compleja, los llamados criptosistemas de clave asimétrica. Es decir, a diferencia de la firma electrónica, la firma digital requiere ingresar en el mundo de la criptografía, de los mensajes cifrados"[192].

¿Qué cabe decir de la puesta en relación de estas nociones con la figura del ológrafo? A mi modo de ver, el problema principal con el que nos encontramos, y que me parece prácticamente insoluble es el de que la firma electrónica, o mejor, digital, está concebida precisamente para *refrendar* un mensaje asimismo electrónico (lo que no parece sea el caso del ológrafo) con las mismas garantías de seguridad y autenticidad que derivan de la suscripción manual del mismo, o incluso más,

---

190 "La generalidad de este concepto, su falta de concreción, — añade TORRES LANA, J.A, recogiendo a MARTÍNEZ NADAL —, incluso su vaguedad es tan grande que anula en la práctica su utilidad e incluso hace dudar de su condición de firma", cit., p. 514.

191 Recogiendo los criterios de la Directiva 1999/93, de 13 de diciembre, el autor alude a la necesidad de cumplimiento de los siguientes cuatro requisitos para acceder a la condición de firma electrónica avanzada: 1. Estar vinculada al firmante de manera única; 2. Permitir la identificación del firmante; 3. Haber sido creada utilizando medios que el firmante pueda mantener bajo su exclusivo control, 4. Estar vinculada a los datos a los que se refiere de manera que sea detectable cualquier cambio posterior de los mismos, TORRES LANA, J.A : "La forma del Negocio", cit., p. 514. El autor se ocupa asimismo con detenimiento del art.3.1.1 del RD Ley 14/1999, y posteriormente, los artículos 3.1.3 y 3.1.4, de la Ley 59/2003, de firma electrónica.

192 Y adentrándose un poco más en ese proceloso mundo, el autor precisa: "La versión tradicional de la criptografía requiere que la parte que cifra un mensaje y la parte que lo descifra compartan la misma clave, que debe ser secreta para evitar el acceso a datos confidenciales. La clave compartida se denomina clave simétrica", ult cit.

ante la imposibilidad actual de "falsificar" la firma electrónica avanzada[193]. Desde una perspectiva jurídica, esta clase de firma sustituye con idéntico valor a la suscripción autográfica o manuscrita.

Pero tratándose del testamento ológrafo, hay que recordar (por muy elemental que sea hacerlo), que la exigencia de la *autografía* se exige del escrito en su conjunto, de todo él y, por supuesto, también de la firma del mismo, firma que, aun formando parte del escrito testamentario, es sin embargo diferenciable del resto del escrito. En consecuencia, me parece evidente que la inaplicabilidad de la firma electrónica (o digital) resulta, ante todo, de que la solución contraria implicaría hacer entrar en juego una tal firma (la electrónica) respecto de un documento que, por exigencia expresa del 688.1 CC, ha de ser manuscrito. O, dicho de otro modo, la firma *no estaría* en el texto manuscrito. Una tal disociación[194] entre "documento" y "firma" hace del todo imposible pensar siquiera en una supuesta aplicabilidad o entrada en juego de la firma electrónica respecto del ológrafo.

Refiriéndose a esta (más que dudosa) aplicabilidad, afirma Torres Lana lo siguiente: "existen, en efecto, negocios rígidamente formales cuya validez se subordina al cumplimiento no sólo de una forma, sino de una determinada manera de cubrir esa forma. El ejemplo más claro es el del testamento ológrafo. Respecto a éste hay que concluir cabalmente que ni la interpretación más progresista y correctora del tenor legal puede llegar a identificar – ni siquiera a equiparar – la olografía con el texto electrónico o la firma del testador con la digital. Y ello no es sólo porque tal hipótesis no se encuentre incluida en la *ratio legis*, sino porque contradiría el propio concepto del negocio. También es cierto – añade, aludiendo

---

193 Torres Lana, J.A "La forma del negocio", cit., p. 515.

194 En este sentido, Torres García, T, "Comentario", cit., p. 393.

a una idea que, con posterioridad, recogerá García Cantero – que la noción de firma electrónica nació y se ha desarrollado para facilitar el comercio electrónico, es decir, el tráfico *inter vivos*, y no los negocios *mortis causa*"[195].

En definitiva, plantearse (al menos mientras la regulación del ológrafo en el Código sea la que es) la aplicabilidad o entrada en juego de la firma electrónica para tal forma testamentaria, carece de sentido por cuanto se trataría de hacer entrar en juego, en un planteamiento ficticio, la firma electrónica (digital) respecto de un documento autógrafo[196]. La firma, insisto, no estaría en el texto escrito; "aunque pudiera cumplir la finalidad de servir de medio de prueba de la identidad del testador en la fase de autentificar el testamento posterior a su muerte[197].

"Con todo, nada impide – afirma MORETÓN SANZ, en punto de vista que comparto – que el legislador autorice o equipare firma autográfica y firma electrónica u otro procedimiento

---

195 TORRES LANA, J.A: "La forma del Negocio", cit., p. 516. Siguiendo el parecer de TORRES LANA, J.A, MORETÓN SANZ., "La firma habitual", cit., p. 2865.

196 Creo que esta es la idea a la que se refiere TORRES LANA, J.A cuando alude a "la ruptura de la continuidad en la secuencia lógica autoría – suscripción – firma manuscrita – personalidad del firmante", ult cit.

197 TORRES GARCÍA, T: "Comentario", cit., p. 393. Más recientemente, y refiriéndose al denominado *testamento ológrafo electrónico,* García Cantero, G no duda en calificarlo de "radicalmente incompatible con la vigente regulación del Código", cit., p. 1242. En su opinión, de regularse *ex novo* una tal forma testamentaria, se estaría – afirma el autor – "ante una nueva modalidad testamentaria probablemente especial o especialísima". Desde esta perspectiva, no duda en calificar de "poco meditada" la referencia del artículo 421-21 del Código civil de Cataluña a "una firma electrónica reconocida" de las memorias testamentarias ("si procede").

de similares características, y que la etimología (gr holos=todo entero + grafo= escribir) acoja, adicionalmente a la acepción de autógrafo o de puño y letra, la de la "autografía" por medios electrónicos que garanticen la autoría del testador. Y si ejemplos ha dado el poder legislativo contemporáneo sobre la necesaria adaptación de los diccionarios a las nuevas formulaciones de instituciones familiares (v.gr., matrimonio), más nos ha proporcionado la evolución histórica sobre la conservación nominal de la denominación institucional de una figura cuyo contenido y perfiles han sido radicalmente alterados desde sus orígenes y antecedentes jurídicos"[198].

---

198 Moretón Sanz, M.F: "La firma habitual", cit., p. 2865.

Capítulo IV

La firma del testamento ológrafo en la jurisprudencia del tribunal supremo

No parece necesario insistir en que, por la propia especificidad del tema de la forma o clase de firma en el ológrafo, la jurisprudencia de la Sala 1ª recaída sobre aquél, no es desde luego abundante, aunque quizá esa escasa frecuencia se haya visto compensada de alguna manera por la celebridad de algunos de estos fallos[199].

1. STS 8 JUNIO 1918

Tras la promulgación del Código civil, la primera de las sentencias que (se dice) aborda" directamente" (¿)[200] la cuestión

---

199 Por todos, el de la Sentencia de 8 junio 1918, que Díez PICAZO no dudaba en calificar como "uno de los más conocidos de toda nuestra jurisprudencia civil, y poco serán los estudiantes que habiendo seguido un curso de Derecho de sucesiones no hayan oído de una u otra manera hablar de él", *Estudios"*, cit., p. 608. Con posterioridad, García Cantero, G, en un trabajo más reciente, se refiere a la necesidad de "superar definitivamente aquella era jurisprudencial, un tanto pintoresca, por la que atravesó el ológrafo en su peregrinación ante el Tribunal Supremo", conectando su afirmación precisamente con la "famosa" Sentencia de 8 de Junio 1918, "Testamento ológrafo, .cit., p. 1233.

200 Con anterioridad a la Sentencia de 8 de junio de 1918, STS 29 noviembre 1916, JURISPRUDENCIA CIVIL 1919, Tomo 188 (4º de 1916), octubre a diciembre, ponente asimismo D. Antonio Gullón,

de la firma en el ológrafo, que yo sepa, es la, sin duda alguna, famosísima STS 8 junio 1918, objeto de múltiples y detenidos análisis entre los juristas[201], repetida hasta la saciedad en los manuales y obras generales de Derecho de sucesiones, alabada por unos y criticada por otros[202], y que todavía en fechas

---

cuyo Considerando primero se limita a referirse a la firma en los mismos términos que el art. 688.

El entrecomillado responde a que tengo la impresión de que muchas de las cosas que se han dicho de esta sentencia, se corresponden muy poco con lo que realmente se deduce de su lectura.

201 Sirvan como muestra, entre otras, las aportaciones de DÍEZ PICAZO, L: *Estudios,* cit., p. 606. "El caso de "Pacicos de mi vida "es quizá uno de los más conocidos de toda nuestra jurisprudencia y pocos serán – afirmaba el autor – los estudiantes que habiendo seguido un curso de Derecho de sucesiones no hayan oído de una u otra manera hablar de él". Con posterioridad, DIAZ ALABART, S: *El testamento,* cit., pp. 41-43, LASARTE ÁLVAREZ, C:", *Derecho de sucesiones."* cit., p. 66;

202 Lo cierto que, para la mayoría de los comentaristas de esta sentencia, muy autorizados algunos de ellos, como los que se recogen en nota inmediatamente anterior, no resulta de fácil comprensión las razones que llevaron al TS a estimar válido ese testamento firmado únicamente con el nombre de pila ("Matilde"). Y es que ni siquiera existe acuerdo sobre si la razón última del fallo haya que encontrarla en la circunstancia de que la esposa de D. José Pazos firmara habitualmente con su solo nombre de pila. Y es que parece predominante el punto de vista contrario. Así, DÍEZ PICAZO, en el detenido análisis que llevó a cabo de la sentencia en la obra citada anteriormente, no alude en ningún momento a que el criterio del TS en pro de la validez del testamento descansara precisamente en la "habitualidad" de firmar con el solo nombre de pila por parte de Dª Matilde. Es más, de su comentario al fallo lo que parece deducirse es lo contrario: "La testadora había firmado exclusivamente con su nombre de pila: "Matilde". Nuestro TS había dicho ya en algunas ocasiones anteriores, y ha reiterado con posterioridad, que la firma debe ser aquélla que la persona utiliza usualmente en todos los actos de su vida y que, por consiguiente, no es válida una firma en la que se consigne únicamente el patronímico. En este caso, sin embargo, el criterio es más benévolo y menos estricto y la firma

recientes se sigue presentando como encubierta por un cierto "velo de misterio" en aportaciones de civilistas de primera fila (vgr .PUIG BRUTAU))[203].

Tratemos de ver en síntesis cual fue la argumentación del fallo[204] sobre el tema esencial de la firma de la testadora ("Dª Matilde")[205].

---

escueta de "Matilde" no priva de validez al testamento". En ningún momento se supone o se indica que fuere criterio habitual de Dª Matilde firmar con el solo nombre de pila. En esta misma línea, LASARTE Álvarez, C, no parece albergar dudas acerca de que Dª Matilde firmaría en otras ocasiones con nombre y dos apellidos, pese a lo cual, en el supuesto enjuiciado, en el que lo hizo únicamente con el nombre de pila, el testamento se consideró válido. Más recientemente, excluyendo también el criterio de la *habitualidad* en el empleo del patronímico por cuanto a la firma de documentos por parte de Dª Matilde se refiere, DIAZ ALABART, S: *El testamento,* cit., p. 42, "es seguro – afirma – que la testadora no firmaba así en sus asuntos no familiares".

Por el contrario, si se refiere expresamente a la habitualidad de firmar con el solo nombre de pila por parte de Dª Matilde, y justifica en él el fallo del TS, OSSORIO MORALES, J: ", *Manual de sucesión testada",*cit., p. 141, quien precisamente por ello no advierte existencia de contradicción alguna entre el fallo de3 junio 1918 y 5 enero 1924

203 PUIG BRUTAU, J: *Fundamentos,* cit., pp. 133-138, se refiere a la circunstancia de que en la S 8 junio 1918 pudo existir "una *ratio decidendi* oculta o no expresada", que por otra parte no parece complicado situar en definitiva en "una manifestación de amor dirigida al heredero", DÍAZ ALABART, S: *El testamento,* cit., p. 42.

204 JURISPRUDENCIA CIVIL, Tomo 148 (2º de 1918) –Abril –Junio, Madrid, 1921, pp. 608 y ss.

205 A nadie se le oculta que el litigio resuelto por la sentencia no es posible separarlo del régimen entonces vigente en materia de sucesión intestada, en el que el cónyuge viudo se colocaba por detrás de los colaterales del premuerto. La declaración de nulidad del testamento, y la consiguiente apertura de la sucesión intestada, hubiere supuesto el llamamiento de los sobrinos de Dª Matilde Corcho

Magistrado Ponente: D. Antonio Gullón[206]. El contenido del testamento de Dª Matilde, albergado en esa hoja en blanco de la carta de novios dirigida por Dª Matilde en fecha 8 de marzo de 1873, al que luego sería su marido, por sobradamente conocido, no parece necesario transcribirlo ni en texto ni en nota.

Cuarto de los Considerandos: "aparece observada y cumplida una de las indispensables circunstancias que necesita reunir tan repetido documento (el ológrafo, se entiende), o sea la de haberlo escrito todo él de su puño y letra la Dª Matilde, y, por lo tanto, en lo que hace referencia a este importante extremo, no existe infracción de los expresados artículos 676, 677, 678 y 688 del Código"

Quinto de los Considerandos: "Considerando que aceptado como cierto en la sentencia y justificado por la prueba testifical que la carta en cuya hoja blanca fue escrito el documento controvertido era dirigida al hoy demandado por Dª Matilde cuando conservaban entre ambos las relaciones amorosas previas a su matrimonio de más de cuarenta años de duración; que durante ellos se ha acreditado así bien que al D. José le llamaba siempre Pepe su esposa; que ésta al decir "Pazicos", sin duda alguna se dirigía a su marido, corroborándolo aún más al haber añadido "de mi vida" como tierna expresión del acendrado cariño a su esposo, y al elegir precisamente la cuartilla en blanco que había en la primera carta de novios para consignar en frases

---

Arroyo (D. Domingo y Doña Saturnina de la Torre Corcho) con preferencia a su marido (D. José Pazos Vela Hidalgo), que sólo hubiere percibido en tal caso lo que por legítima le correspondiere. Es de imaginar que el caudal hereditario en juego fuere de cierta importancia, y de ahí precisamente el interés de los parientes colaterales de la testadora en el caso un sobrino de aquella, en obtener la nulidad del testamento de Dª Matilde.

206 Muy posiblemente, antepasado del ilustre civilista y Magistrado del TS, ANTONIO GULLÓN BALLESTEROS, coautor con DÍEZ PICAZO, L del *Sistema de Derecho Civil*.

entrañables su última voluntad, diciendo "va mi testamento, todo para ti, todo para que me quieras siempre y no dudes del cariño de tu Matilde", hay que reconocer, sentadas estas premisas, que la Sala sentenciadora ha entendido con acierto, que consignada la fecha del documento en Peñafiel a 24 de octubre de 1915, escrito todo él de puño y letra de Dª Matilde, firmado por ésta con su nombre y rúbrica, manifiesta su voluntad de testar, designando el heredero de modo que no pueda dudarse quién es el instituido, y mandando que todos sus bienes fuesen para su marido, resultan cumplidas todas las normas y formalidades prescritas en el repetido artículo 688 del Código"

Considerando sexto: Considerando que al establecer semejantes conclusiones la sentencia, después de analizar serena y detenidamente el documento y todos los demás elementos que enumera haber tenido en cuenta para formar su criterio, o sea: que Dª Matilde pensó, quiso de modo cierto y tuvo firme propósito de orientar su voluntad postrera al decir "va mi testamento"; que hizo expresa y determinada designación de heredero a favor de su marido, valiéndose para ese efecto de nombrarlo con el diminutivo de su primer apellido, pues de no referirse a él, carecería por completo de todo su significado la frase "Pazicos de mi vida"; que las palabras "todo para ti, todo para que me quieras, etc.", está claro son la manifiesta disposición de todos sus bienes patrimoniales, de la totalidad de su haber para que después de su muerte los poseyera y disfrutara su marido, y que el nombre y rúbrica de "Matilde", por ser la de la propia mano de ésta, por la forma y contexto del documento y hasta por el papel en que se extendió, convencen de que lo escribió Dª Matilde Corcho Arroyo, aunque sólo estampara su nombre, no cabe desconocer que los indicados razonamientos del Tribunal juzgador se ajustan fielmente a los preceptos legales antes indicados y a los artículos 667, 675 y 772, párrafo 2º del Código Civil, sin haber incidido por aplicación indebida ni por errónea interpretación en las infracciones que de esos preceptos legales invocan los diferentes motivos de este recurso"

De considerarse que la sentencia presenta gran valor en tema de *firma* del ológrafo, ese valor hay que desconectarlo por completo del tema de la "habitualidad", o del "carácter habitual" de la firma, sencillamente porque esta sentencia ni se refiere para nada a la "habitualidad", ni, en consecuencia, fundamenta el fallo en semejante criterio. Simplemente, entiende cumplido el requisito de la firma con la autografía del nombre de pila rubricado. La "habitualidad" ni siquiera se contempla. Por tanto, parece opinión más segura la de que la verdadera *ratio decidendi* de tan singular fallo haya que encontrarla, pura y simplemente, en una manifestación de amor dirigida al heredero, y que, dadas las circunstancias concretas del caso (llevaban solamente un año de casados), el TS hiciera una interpretación equitativa aun a costa de sacrificar algo tan esencial en un testamento como son las formalidades[207].

2. STS 5 ENERO 1924[208]

Se trata asimismo de un fallo importante, citado en la práctica totalidad de las obras generales, o monografías que se refieren a la forma ológrafa de testar, y que debe bastante de "su fama" (si se me permite la expresión) al contraste (más aparente que real) entre la doctrina en él contenida y la sentada por la Sentencia de 1918, "contraste" por lo demás detectado y puesto de relieve por la doctrina más autorizada[209].

---

207 DÍAZ ALABART, S: *El testamento,* cit., p. 42.

208 JURISPRUDENCIA CIVIL Tomo 161 (1º de 1924), enero-marzo, Madrid, 1926, pp. 22 y ss.

209 Así, entre otros, LACRUZ BERDEJO, J.L:", *Derecho de sucesiones*", cit., p. 415; DÍEZ PICAZO, L: *Estudios* cit., pp. 611; LASARTE ÁLVAREZ, C: "*Derecho de sucesiones*" p. 66.

El supuesto de hecho contemplado se aborda en el segundo de los Considerandos en los términos que a continuación se recogen:

". . .En orden al presente recurso importa determinar si el papel de cartas de luto[210] que D. Juan Manuel Treviño y Aranguren, Marqués de casa Treviño, presentó para ser protocolizado ante el Juzgado de primera instancia de Alcázar de San Juan, pretendiendo que se estimara como testamento ológrafo. . . .pueden constituir, realmente, un testamento ológrafo, como se pretende por los demandantes y como ha declarado, con evidente error, la Sala de lo Civil de la Audiencia de Albacete, o si, por el contrario, no pueden estimarse como tal testamento".

---

210 "Y que, copiado a la letra, (el citado papel) dice así: "24 de Agosto de 1914.- Para mis sobrinos y herederos D. Juan Treviño y Aranguren y a su hermana Doña Concepción Treviño y Aranguren les encargo que ha mi fallecimiento le manden a la Virgen del Rosario de Santa Quiteria los candelabros dorados que ahí en el gabinete debajo de los fanales y deseo que en el mes de Julio todos los años al tercer domingo (entre líneas – de Agosto—) mandéis hacer una minerva en Santa Quiteria que en la familia se viene haciendo infinida de años y me lo dejó encargado mi Padre que no la dejase de hacer; (hay un hueco sin escribir, y luego se lee y también os encargo que hace mucho tiempo tengo ofrecido una función a la Virgen de la Guía de San Pedro y como yo no estoy para ir a ninguna parte que la mandéis decir cuando yo falte – vuestra tía Mariana", con rúbrica y sin apellido alguno detrás del nombre, y al cual papel se acompañó un sobre abierto, en el que, sin ello estar demostrado, se dijo se había encontrado dicho papel, y que textualmente dice de este modo: "Testamento ológrafo que hago para mis sobrinos D. Juan Treviño y Aranguren, Marqués de Casa-Treviño y su hermana Doña Concepción Treviño – vuestra tía Mariana López Guerrero", también con rúbrica, y ya juntos o separados pueden constituir, realmente, un testamento ológrafo, como se pretende por los demandantes. . . . ."

En el tercero de los Considerandos, y tras destacar la esencialidad de la firma del otorgante en el ológrafo, el TS afirma:

"Y como el presentado ante el Juzgado de primera instancia de Alcázar de San Juan para su protocolización por los demandantes está autorizado solamente con el nombre de pila o patronímico de la señora doña Mariana López Guerrero y Manrique de Lara, *y por firma de una persona se entiende la que está en todos los actos de su vida, lo mismo en aquellos más importantes y solemnes que en los corrientes en su relación con las demás personas acostumbra estampar al pie de sus escritos*[211], lo cual claramente demuestran en el caso de autos, el mismo sobre presentado al Juzgado para la protocolización del llamado testamento, algunos de los demás documentos que a la demanda se acompañaron y una escritura, por la dicha señora autorizada que para el cotejo de letras en los autos se presentó, todos ellos por la doña Mariana firmados con nombre y apellidos, *es visto que esta señora así firmaba generalmente y que en su virtud no puede considerarse como su firma usual y corriente el nombre patronímico siquiera esté rubricado*"[212].

Y en el siguiente de los Considerandos, el fallo arguye las razones justificativas de sentar doctrina tan contradictoria con la contenida en la Sentencia 8 de junio de 1918:

"Considerando que tal afirmación, en armonía con la repetida jurisprudencia de este Supremo Tribunal, no contradice la hecha por esta Sala en la sentencia dictada en 8 de junio de 1918, *en la cual se declaró que en el caso particular que la motivó – y hasta ahora único – por las circunstancias especiales que en aquellos hechos de autos concurrían*[213], pudo entenderse como firma de la

211 La cursiva es mía.

212 La cursiva es mía.

213 La cursiva es mía

otorgante para autorizar un testamento ológrafo su nombre patronímico sin estar seguido de apellido alguno".

Consecuentemente con lo dicho, "el Tribunal a quo, al declarar en la sentencia recurrida que ese papel o documento, acompañado del sobre precitado, que carece de fecha[214], constituyen un testamento ológrafo y ordenar que sea protocolizado, ha infringido los artículos 678, 687 y 688 del Código civil, y por tanto debe ser estimado el primer motivo de este recurso. . .. ."

Esta famosa STS ha sido objeto de duras críticas, entre otras, las que formuló Díez Picazo, en sus *Estudios sobre la Jurisprudencia Civil,* Volumen segundo, Tecnos, Madrid, 1966, pp. 611 y ss., y recogidas en otro lugar de este trabajo. En mi modesta opinión, tres son las ideas que cabe sacar de esta sentencia de 1924: de una parte, que no cabe considerar firma válida en el ológrafo la que no sea "habitual" del testador. En el caso concreto, claramente se declara probado que esta señora firmaba "habitualmente" con nombre y apellidos. Y, precisamente, por no hacerlo así en ese pretendido testamento ológrafo, el TS afirma que no se cumplió el requisito de la firma. Pienso por tanto que, de haberse comprobado que doña Mariana firmaba sus escritos, habitualmente, con el solo nombre de pila, el testamento hubiere sido válido. De otra parte, para esta sentencia el concepto de firma "habitual" es único. Es la firma que el testador utiliza "en todos los actos de su vida", en los más importantes o solemnes y en los que no lo sean. No parece admitirse una firma "habitual" para los actos importantes jurídicamente,

---

214 Aunque se hace referencia a la falta de fecha en el sobre, el pretendido testamento (que el TS no estimó como tal) sí iba firmado. La falta de firma a la que se refiere la sentencia se refería solo al sobre. Por tanto, la nulidad del testamento se apoya únicamente en la circunstancia de la firma de la testadora con el solo nombre de pila ("Mariana").

y otra asimismo "habitual" para aquellos otros más corrientes, o menos formales[215]. La firma "habitual" ha de ser una, al margen de la naturaleza del acto en el que se haga constar. Y, finalmente, la tercera idea que la sentencia me sugiere es, precisamente, que no aclara para nada las razones que llevaron a la Sentencia de 1918 a estimar válido el famoso testamento de Dª Matilde a favor de su marido don José Pazos ("Pacicos"). Se hace referencia, sí, al "caso particular que la motivó -.–y hasta ahora único – por las circunstancias especiales que en aquellos hechos de autos concurrían", pero ¿qué se quería decir exactamente con todo esto? ¿qué tenía que ver el fallo de 1918 con la "habitualidad" de la firma? ¿acaso de la sentencia de 1918 se puede deducir que el testamento fue válido porque Dª Matilde firmaba habitualmente con el solo nombre de pila? Me parece que no[216]. Creo quedan en la sombra, en mi opinión, las verdaderas razones del fallo, en cuanto que esas "circunstancias especiales", ese "caso particular, y hasta ahora único", etc.(y que parece hay que conectar con la utilización de una carta de novios, las expresiones de amor de Dª Matilde hacía don José. . . .etc.) no me parecen jurídicamente suficientes para dar por buena la firma con el solo nombre de pila, sobre todo si se tiene en cuenta que no hay un solo dato en los considerandos que confirme el dato de que Dª Matilde firmase "habitualmente" son el solo nombre de pila. Sin duda, hubo razones ocultas del fallo: quizá el régimen de la sucesión intestada en aquel momento, el llamamiento del viudo/a por detrás de los colaterales del difunto. ¿Fue esta la verdadera razón de que el TS

---

215 Como defendía ALBALADEJO GARCÍA, M: "La (firma, se entiende) que la persona utiliza en documentos de importancia, en relaciones jurídicas de trascendencia", *Curso,* cit., p. 226.

216 Sobre la circunstancia de que también doña Matilde firmaría habitualmente con el nombre y los apellidos, LASARTE ÁLVAREZ, C:", *Derecho de sucesiones.",* cit., p. 66. "Como sin duda haría también Matilde", afirma textualmente LASARTE ÁLVAREZ, C.

estimase válido el testamento de Dª Matilde? ¿Se estimó injusto que un patrimonio — quizá considerable — fuera a parar en su casi totalidad a parientes colaterales de Dª Matilde, unida a don José por un feliz matrimonio de casi cincuenta años? ¿Fueron estas las verdaderas razones que llevaron al TS a fallar en este sentido? Me llama la atención que algún autor se refiera expresamente a la posibilidad de existencia en ella de una *ratio decidendi* oculta o no expresada[217]. Más recientemente, GARCÍA CANTERO[218], se refiere asimismo a "la famosa y, en ocasiones, mal interpretada, STS 8 junio 1918, prontamente matizada – añade – por STS 5 enero 1924 que sensatamente se apresuró a calificar de excepcional la firma con el nombre de pila".

3. STS 5 JUNIO 1925[219]

Un interés mucho menor presenta esta Sentencia, en cuanto se limita a afirmar la esencialidad de la firma en el ológrafo y, en consecuencia, la nulidad como tal testamento de aquél que carece de firma. El fallo carece de interés, por cuanto no entra en consideraciones sobre la firma, dada la inexistencia de esta en el testamento: "forzoso es afirmar – Considerando tercero – que el de autos carece de validez y eficacia, por no estar firmado por el testador, cualquiera que sea la causa de la falta de firma, y afirmada

---

217 PUIG BRUTAU, J:" *Fundamentos*" cit., pp. 133-138.

218 El autor no deja claro cual o cuales han sido las interpretaciones erróneas de esa sentencia, ¿quizá la de considerarla como consagradora del llamado "testamento epistolar"? Por lo demás, lo de calificar de "sensata" la doctrina contenida en la Sentencia 5 enero 1924, pienso tiene que ver con la propia posición del autor en cuanto a lo que haya que entender por "firma" en el ológrafo.

219 COLECCIÓN LEGISLATIVA, JURISPRUDENCIA CIVIL, Tomo 167 (3º de 1925), junio a septiembre, Madrid, 1927, pp. 66 y ss.

de la manera más absoluta que consta en el fundamento anterior la invalidez como testamento ológrafo del documento presentado, por carecer de la firma del testador, cualquiera que sea la causa o razón de esa falta, resulta indiferente a los efectos de la casación, el acierto con que haya podido proceder la Sala en la apreciación de la prueba en el punto o extremo a que los referidos motivos aluden"[220].

4. STS 5 MAYO 2011

En el primero de los motivos del recurso de casación, se alegaba por los recurrentes infracción de los artículos 687 y 688 del Código civil "al aceptar la sentencia de instancia la validez del testamento ológrafo de la causante, cuya firma no es *la habitual* de la misma"

"Las sentencias de instancia han rechazado esta alegación porque los requisitos que exige para el testamento ológrafo el artículo 688 (autografía, firma, fecha y sin enmienda) no incluye la habitualidad de la firma y se ha declarado la autenticidad de esta. Lo cual es cierto y también es cierto que la doctrina y la jurisprudencia siempre se han referido a la firma *"habitual"* o *"usual"*, pero nunca lo han hecho en el sentido de que la misma debe ser *idéntica* a las anteriores, sino que no sea una *distinta*, sin nada que ver con la que utiliza normalmente. Como *habitual* debe entenderse la que usa en el momento actual, la habitual en el momento presente, en función de la persona y de sus circunstancias (por ejemplo, la edad), sin poder obviar que la firma evoluciona a través del tiempo y no siempre es idéntica en circunstancias distintas. En el caso presente, debe tenerse por habitual la firma de la causante, a la vista de todas las aportadas en documentos anteriores, a los autos que, por

---

220 Loc, ult cit., pp. 84-85

cierto, tampoco son idénticas entre sí. En todo caso, la firma que obra en el testamento ológrafo de autos cumple su función de requisito *ad solemnitatem*del testamento ológrafo y la general de asunción del contenido de lo expresado en el texto desde el momento en que se ha declarado su autenticidad y autoría. Y también es de destacar que igualmente doctrina y jurisprudencia (desde la sentencia de 8 de junio de 1918) han considerado siempre un concepto amplio de la firma, sin especiales requisitos formales que irían contra la realidad social e incluso irían más allá de lo que exige el Código civil".

Dejando aparte, por el momento, el cúmulo de sugerencias que suscita la anterior argumentación, hay que constatar que la acogida de la misma por parte de la más reciente doctrina ha sido desigual. Un punto de vista favorable a la misma, el de Lasarte Álvarez: "Con todo, es sumamente difícil, e incluso excepcional, — afirma este autor — pensar que una persona, que supere la edad media de vida, mantenga a lo largo de su existencia la misma firma, como resalta *orteguianamente* la STS 322/2011, de 5 de mayo"[221]. Un parecer contrario, el de García Cantero, quien escribiendo en 2013, afirmaba: "tampoco parece exenta de crítica la reciente STS de 5 de mayo de 2011 al afirmar que el TS ha empleado siempre un concepto amplio

---

221 Lasarte Álvarez, C: "Derecho de Sucesiones", cit., p. 66. El autor añade un ejemplo, confirmatorio a lo que creo de su punto de vista favorable a la argumentación del fallo transcrita en el texto: "Nadie dudará de que María de las Mercedes firmaría sus cuadernos escolares "con todas sus letras", que al obtener la plaza de Notaria (con 25 años) se replantearía la firma y pasaría a ser más rúbrica que otra cosa; que al acceder a la Presidencia o a la Secretaría General de uno de los grandes partidos políticos del país, pasando después a Ministra o Presidente, simplificaría la rúbrica, etc. Es más, es raro que una misma persona, como le ocurre al propio autor de estas líneas, haga la firma idéntica si no utiliza el mismo utensilio de escritura. . ."

de firma, sin especiales requisitos formales que irían contra la realidad social e incluso irían más allá de lo que exige el CC; razonando sobre lo *habitual* o *usual,* declara aquélla que no significa que la misma deba ser idéntica a las anteriores, sino que no sea una distinta, sin nada que ver con la que utiliza normalmente"[222].

En mi opinión, el fallo comienza lógicamente por resaltar (como no podría ser de otra manera) la exigencia de *autenticidad* de la firma. Es decir, es el propio testador el que, necesariamente, debe estamparla en el documento. Dicho esto, se aborda la cuestión de la *habitualidad* o *carácter usual* de la firma. Y, respecto de ella, la sentencia se pronuncia con la máxima claridad: el artículo 688 "no incluye la habitualidad de la firma". ¿Qué decir de esta afirmación? Pues que, en mi opinión, de una parte, es exacta por innegable, y, de otra, viene a situar en su justa medida la cuestión de la *habitualidad.*

Es exacto desde luego que el Código, más concretamente, el art. 688, no se refiere a la *habitualidad* de la firma. El legislador exige en el ológrafo la firma del testador, de su puño y letra[223], pero el tema de la *habitualidad* no lo es del Código sino del tratamiento que la doctrina ha venido dando a los requisitos de forma del ológrafo. Es el marco de la doctrina en el que no sólo se ha "acuñado" la nota de la *habitualidad* de la firma, sino en el que además se ha ido de alguna manera "configurando", "precisando", qué deba entenderse por *habitualidad* de la firma, o por *firma habitual* o *usual* del testador. Desde esta perspectiva, la posición de la sentencia tiene el mérito, como ya he dicho antes, de situar en su punto exacto la cuestión

---

222 GARCÍA CANTERO, G: "Testamento ológrafo", cit., p. 1233.

223 Me refiero después a la incidencia que respecto de lo dicho en texto ("de su puño y letra") pudiera tener la reciente reforma del art. 691 CC ("escrito y firmado de mano propia del mismo") por la Ley 15/2015, de la Jurisdicción Voluntaria.

del carácter habitual de la firma del testador. Y ¿cómo se hace esto?: en mi opinión, relativizando la cuestión. Para ello, la sentencia se apoya en dos circunstancias: por un lado, el artículo 688 no se refiere a ella; por otro, la imposibilidad de identificar la firma "habitual" o "usual" del testador con firma idéntica a las empleadas por éste con anterioridad, bastando así con que "no sea una distinta, sin nada que ver con la que utiliza normalmente". Con tal argumentación, se llega a la conclusión según la cual "Como habitual debe entenderse la que (el testador) usa en el momento actual, la habitual en el momento presente, en función de la persona y de sus circunstancias (por ejemplo, la edad), sin poder obviar que la firma evoluciona a través del tiempo y no siempre es idéntica en circunstancias distintas". La habitualidad se relativiza, en cuanto se sitúa en un determinado momento de la vida del testador, no es algo fijo e inmutable, sino por el contrario sujeto a cambios o alteraciones, los propios de la grafía del testador.

5. STS 25 NOVIEMBRE 2014[224]

Se trata de una sentencia que, a diferencia de la anterior, no contempla específicamente el tema de la firma en el ológrafo, si bien considera como firma habitual de la testadora simplemente su nombre. La cuestión en ella controvertida era la de la validez de un testamento ológrafo otorgado por doña Socorro, pero el argumento central esgrimido por los luego recurridos en casación venía dado por la inexistencia de una verdadera *voluntas testandi*. No había, pues, cuestión en lo relativo a la firma de la testadora[225].

---

224 STS 682/2014.

225 Sobre esta sentencia, amplias consideraciones en Díaz Alabart, S: *El testamento*, cit., pp.12-14. Carrión Vidal, A., "La validez de un testamento ológrafo en el que se dispone de un piso como

En el segundo de los fundamentos de Derecho, se afirma textualmente:

"Es preciso destacar que son extremos esenciales, que no se han discutido y de los que se debe partir los siguientes: la autenticidad de la autografía y de la firma que han quedado probadas en autos, como *la habitual de la testadora, a la que se refiere específicamente la sentencia de 5 mayo 2011*"[226].

---

legado a favor de una determinada persona. Comentario a la STS Num.682/2014, de 25 de noviembre", en *Actualidad Jurídica Iberoamericana, núm. 3, agosto 2015, pp. 577-594*. La firma del testamento no constituía cuestión controvertida en esta sentencia, cfr., p. 587.

226 Es de interés destacar que estas dos últimas sentencias se dictan por el mismo magistrado ponente (Sr. O CALLAGHAN MUÑÓZ, X). La cursiva es mía.

Capítulo V

¿Incide la reforma del art. 691.1. CC por la ley 15/2015, de la jurisdicción voluntaria, sobre la exigencia de firma "de mano propia" del testador?

1. PLANTEAMIENTO DEL PROBLEMA (TRADICIONALMENTE RESUELTO EN SENTIDO NEGATIVO)

Es casi un tópico en materia de testamento ológrafo plantearse la cuestión de si dicho testamento, presupuesto que ha de ser escrito por el testador, podría serlo "con otras partes del cuerpo distintas de la mano"[227]. Lógicamente, en este trabajo la cuestión interesa en cuanto a la firma del testamento se refiere, puesto que no cabe duda de que, también a la firma, hay que referir la exigencia de la autografía. La respuesta con mucho mayoritaria a tal interrogante ha sido siempre rotundamente negativa. Así TORRES GARCÍA, sin dejar el más mínimo espacio para la duda, afirma lo siguiente:

"*Ni tampoco si se emplea para escribir aparatos ortopédicos u otras partes del cuerpo distintas de la mano, pues, aunque se cumpliría el*

[227] Por todos, TORRES GARCÍA, T.: "Comentario", cit., p. 407.

requisito de que sea el testador el que lo escribe, sin embargo, no el de que ha sido su mano la autora de ello"[228].

El punto de vista de TORRES es aceptado sin reservas por otros ilustres representantes de la doctrina científica. Así LACRUZ, quien no duda en recoger literalmente en su *Derecho de sucesiones* el parecer de TORRES, sin discrepancia alguna.[229]. En el mismo sentido, esta parece ser también la opinión de LASARTE ÁLVAREZ[230], "el testamento ológrafo debe ser íntegramente

---

228 TORRES GARCÍA, T: "Comentario", ult, cit. La cursiva es mía.

229 LACRUZ BERDEJO, J. L: "*Derecho de sucesiones,*", cit., p. 235. "El testamento debe ser escrito precisamente – afirma LACRUZ – por la mano del causante, y recoge literalmente el parecer de TORRES: "Así, no pueden testar en forma ológrafa, aunque sepan escribir y valiéndose para ello de otras partes del cuerpo, las personas que carecen de brazos, pues no se cumple con ello el requisito de que sea la mano la autora del escrito". La cita de TORRES GARCÍA, T que hace LACRUZ BERDEJO, J.L corresponde a su monografía "*El testamento ológrafo*", publicada en 1977. Este punto de vista tradicional y prácticamente unánime, se cuestiona por GARCÍA MAYO para quien la interpretación del inciso " escrito todo el y firmado por el testador" del art.688.2 CC e interpretado por el común de la doctrina como testamento manuscrito realmente según el, no resuelve la duda de si ha de estar manuscrito. El autor admite, como no podía ser de otro modo que la referencias de los códigos civiles francés, alemán e italiano, hay que entenderlas hechas a la mano del testador, pero ello " tampoco tiene que llevar consigo que haya de ser un texto manuscrito". Que se estaba pensando en un texto de tal naturaleza al tiempo de la redacción de estos cuerpos legales es indudable cuando no había otra forma, pero si ello se interpreta evolutivamente, ¿ acaso el testamento electrónico no se escribe con la mano, aún utilizando en lugar de una pluma, un bolígrafo electrónico, un teclado o un ratón? No siempre han existido otros modos de materializar la escritura. Ahora si que existen, la esencia de su significado se cumple con el hecho de que estuviera todo el escrito por su autor, fuera de la forma que fuere", *el testamento ológrafo,* cit., pp.52-53.

230 LASARTE ÁLVAREZ, C:", *Derecho de sucesiones",* cit., p. 64.

autógrafo o, como suele afirmarse, plasmado gráficamente del propio puño y letra del testador. Lo afirma así taxativamente el artículo 688.2. Así pues, si el testador no sabe, no puede o no quiere escribir *en el sentido estricto*[231], el pretendido testamento ológrafo devendrá ineficaz".

2. EL TENOR LITERAL DEL ARTÍCULO 688, SEGUNDO PÁRRAFO, DEL CÓDIGO CIVIL

Puede parecer una obviedad recoger el tenor literal del citado párrafo, pero indicaré enseguida porqué lo hago: "Para que sea válido este testamento deberá estar escrito todo él y firmado por el testador, con expresión del año, mes y día en que se otorgue".

A mi parecer, deducir de aquél la exigencia de que el testamento, todo él, también desde luego la firma del testador, ha de estar "escrito y firmado de mano propia del mismo", es consecuencia de una identificación previa, que es la que impone luego esa conclusión. Esa identificación es la de que, cuando el legislador habla de "escribir", se está refiriendo al "sentido estricto del término" (LASARTE ÁLVAREZ), y "escribir en el sentido estricto del término", es "escribir con la mano", o, si se quiere, "firmado de mano propia del mismo". Partiendo de esta premisa, que en ningún momento se cuestiona, se impone la conclusión: un testamento "ológrafo" escrito, en su caso, por alguien que se valga para escribir de otras partes del cuerpo, distintas de la mano, sería nulo.

---

231 La cursiva es mía. De otra parte, queda claro que, para LASARTE ÁLVAREZ, C: "escribir en el sentido estricto" es hacerlo "de puño y letra del testador".

3. LA ATENCIÓN Y LAS MEDIDAS PROTECTORAS HACIA LAS PERSONAS QUE SUFREN ALGÚN TIPO DE DISCAPACIDAD

Es obvio por evidente que en nuestros días se dedica una atención preferente a las personas con algún tipo de discapacidad. Existen además acuerdos y convenciones internacionales suscritos por nuestro país en esta dirección. No es tema de este trabajo abordar esta materia sino a los concretos efectos que aquí interesan. Ninguna duda cabe en cuanto a que, presupuesto este punto de partida, mantener un punto de vista distinto respecto de qué haya que entender por "autografía" (firma incluida, por supuesto) en el ológrafo, se impondría como consecuencia, entendiéndose así el alcance de esa palabra en un sentido más amplio, sin desembocar por ello en la admisibilidad de un testamento ológrafo escrito por medios mecánicos.

4. SOBRE LOS ARTÍCULOS 688, PÁRRAFO SEGUNDO, Y 691.1, DEL CÓDIGO CIVIL, EN SU REDACCIÓN ANTERIOR A LA LEY 15/ 2015, DE LA JURISDICCIÓN VOLUNTARIA

Ya se ha tratado de exponer la posición que se defiende respecto de la redacción del 688, párrafo segundo, y del alcance que en la mente del legislador del Código cabía atribuir a su texto. No cabe duda alguna, lo que no impide reconocer que el único artículo del CC en el que, literalmente, textualmente, se identificaba la autografía del ológrafo con lo que el testador hubiere escrito "de su puño y letra", era el artículo 691.1 en su redacción originaria, que recojo a continuación:

"Presentado el testamento ológrafo y acreditado el fallecimiento del testador, el Juez lo abrirá si estuviere en pliego cerrado, rubricará con el actuario todas las hojas y comprobará su identidad por medio de tres testigos que conozcan la letra y firma del testador, y declaren que no abrigan duda racional de hallarse el testamento *escrito y firmado de mano propia del mismo*"[232].

Que el art. 691.1, resultara de extraordinaria utilidad para determinar el alcance exacto de lo que el legislador quería decir en el 688, al afirmar "deberá estar escrito todo él y firmado por el testador", me parece indudable, pero lo cierto es que, tras la entrada en vigor de la Ley 15/2015, de la Jurisdicción Voluntaria, ya no es esa la redacción del artículo 691, sino la que sigue:

"Presentado el testamento ológrafo y acreditado el fallecimiento del testador, se procederá a su adveración conforme a la legislación notarial"[233].

5. ¿INCIDE LA VIGENTE REDACCIÓN DEL ART. 691.1 SOBRE EL ALCANCE QUE DEBA ATRIBUIRSE AL PÁRRAFO SEGUNDO DEL ART. 688, AMBOS DEL CC?

Negar esa incidencia implica un choque frontal con los principios inspiradores de la legislación vigente en materia de protección de las personas con discapacidad, que necesariamente ha de conducir a una conclusión bien distinta. De una parte, como se ha dicho, la referencia textual al *"escrito y firmado de mano propia del mismo"*, desapareció tras la reforma de 2015. ¿Hay que pensar que esa nueva redacción del art. 691 apuntaba ya a la admisibilidad de un testamento ológrafo escrito por alguien que, no pudiendo hacerlo con la mano[234],

---

232 La cursiva es mía.

233 Disposición final primera de la Ley 15/ 2015, de 2 de julio, de la Jurisdicción Voluntaria

234 Obviamente, una cosa es defender, como creo puede hacerse, la validez de un ológrafo escrito con la boca, o con los pies, por alguien

lo escribe valiéndose de su boca, o de sus pies?, lo que parece seguro es que la reforma se orientaba ya hacia un hipotético cambio que reformas legislativas posteriores indudablemente vendrían a acentuar[235]. Es, pues, defendible sostener la validez de un ológrafo escrito de tal manera, Y ello porque su admisión no alteraría la regla básica de la autografía del testamento; éste seguiría siendo autógrafo. Esta circunstancia, unida a la nueva redacción del art. 691 CC, así como a la legislación protectora de las personas con discapacidad y a los principios que la inspiran, conducen a afirmar su validez[236]. El parecer contrario, en el contexto jurídico y social de nuestro

---

que carezca de manos, y otra bien diferente sostener la validez de un pretendido testamento ológrafo en el que, el sujeto, pudiéndolo escribir de su puño y letra, hubiere decidido escribirlo con la boca, o con los pies, porque supiere hacerlo de este modo. En este segundo caso, me inclinaría desde luego por la nulidad del testamento, por inexistencia de una verdadera *voluntas testandi.*

235 Ya en esa línea, se manifestaba BLASCO GASCÓ, F: "*Instituciones*", cit., p. 70. "Sin embargo, este requisito (el de la escritura y firma de propia mano) debe adecuarse en aquellos casos en que conste que el testador carecía de manos y escribía con otras partes de su cuerpo (como los pies o la boca) . . .. "En contra, y manteniendo el punto de vista tradicional, GARCÍA CANTERO G: "Testamento ológrafo", cit., p. 1230, quien se refiere expresamente al "discapacitado carente por accidente de extremidades superiores", negando la posibilidad de que pudiera testar en forma ológrafa.

236 Sobre el tema, con profusión de argumentos, ROSA PEÑASCO: *El testamento ológrafo otorgado por personas que escriben con la boca o con el pie,* cit., pp. 29 y ss. La autora comienza su investigación con una conclusión. Lo paradójico de su proceder lo justifica así: "inevitable realizarla (la conclusión), sobre todo a tenor del siglo XXI en el que se producen las circunstancias a analizar y en el que vivimos. Y dicha conclusión es la siguiente: Ninguna circunstancia de la persona con carácter general, como tampoco la circunstancia de la discapacidad con carácter específico, puede ser objeto de discriminación sin que se atente contra el principio de igualdad recogido en un sinfín de normas internacionales y nacionales y, sobre todo, en nuestra Constitución y, por

tiempo, resulta sencillamente insostenible. Ese contexto prima de forma absoluta sobre cualesquiera otras consideraciones de carácter técnico-jurídico que puedan esgrimirse en su contra, máxime si se tiene en cuenta que no se trata sino de admitir la confección del ológrafo sin servirse para ello de las manos.

---

tanto, sin que sea inconstitucional, inadmisible y anacrónica en un Estado de Derecho y en una sociedad del siglo XXI".

Capítulo VI

Guarda y conservación del testamento ológrafo

1. "PERFECCIÓN", "VALIDEZ", "EFICACIA", DEL TESTAMENTO OLÓGRAFO

¿Cabría efectuar alguna precisión en cuanto a la utilización de los términos "perfección", "validez", y "eficacia", cuando estos vienen referidos al testamento ológrafo?

Una vez fallecido el testador, el cumplimiento de los requisitos posteriores, o lo que es lo mismo, la concurrencia de tales requisitos, ¿permite que el testamento pueda se calificado de perfecto, excluyéndose en consecuencia tal calificación con anterioridad al cumplimiento de tales requisitos?

En apoyo de este punto de vista se suele citar la STS 29/09/1956 que excluye el calificativo de "perfecto" para un testamento ológrafo no protocolizado dentro del plazo que para la eficacia del mismo se señala en el art. 689 CC. Pero la pregunta que cabría formular es si, cuando se hace referencia a la protocolización del ológrafo, se está haciendo referencia a un requisito necesario para la "perfección" del testamento, o necesario para su "eficacia". Es evidente que cuando la Sentencia a la que se acaba de hacer referencia alude a la "perfección" del testamento, en realidad lo está haciendo a su "eficacia". Y el art. 689 CC lo que hace es introducir un requisito de eficacia para el ológrafo. Por tanto, si aquí la "perfección" ha de entenderse como sinónimo de "eficacia", se impondría concluir que la "perfección" del ológrafo ha de venir referida a un contenido distinto del propio de la "eficacia", y ese contenido no parece pueda ser otro que el de la "validez".

Que el ológrafo no pueda desplegar los efectos que le son propios con anterioridad al cumplimiento u observancia de esos requisitos posteriores; es decir, que no sea "eficaz", no implica que no sea "perfecto", esto es, "válido", y ello por cuanto la validez dependerá de la concurrencia de los elementos intrínsecos para que el negocio (en este caso, el negocio jurídico testamentario) alcance existencia. Desde esta perspectiva, esos requisitos posteriores lo son "ad extra", "extrínsecos", y, en consecuencia, su observancia será determinante para la "eficacia" del negocio testamentario, pero no para su "validez".

Parece en consecuencia cabe sostener que un testamento ológrafo en el que concurran los requisitos de forma[237], y de fondo[238], que procedan, es válido (aunque ineficaz) desde el momento de su otorgamiento. La peculiaridad del ológrafo radicará no ya solo en que sus efectos se hagan dependan de la producción de la *conditio iuris,* propia por lo demás del cualquier testamento, como lo es la del fallecimiento del testador, sino además de la observancia o cumplimiento de tales requisitos posteriores, imprescindibles estos, como se ha dicho, para su eficacia.

---

[237] Los contenidos en el art. 688 CC. En estrecha relación con lo que se acaba de decir, hay que inclinarse por la posición de quienes se muestran contrarios a la digamos "relajación" de formas en el testamento ológrafo. El testamento es un acto jurídico negocial de suma importancia, y asimismo lo era (quizá todavía en un grado aún más elevado, para el legislador del CC y de la sociedad española de la época.

[238] Capacidad del testador, y adecuación de las disposiciones testamentarias a las reglas imperativas en materia de sucesión *mortis causa* (vgr. respeto a las legítimas).

2. GUARDA Y CONSERVACIÓN DEL TESTAMENTO

Afirma acertadamente Espino Bermell que "habida cuenta del secretismo que impera en la naturaleza privada (del ológrafo), no sólo en cuanto a su contenido, sino también en cuanto a su propia existencia, quedará en manos del testador llevar a cabo su custodia y conservación[239], precisamente por haber optado por esta forma de testar"[240]. El autor citado añade que, precisamente por lo anterior, es por lo que el CC no exige que el testador conserve el testamento de una determinada manera, no regulándose nada al respecto, ni siquiera como opción o facultad, primando así la voluntad del testador ológrafo para decidir cómo quiere conservarlo. Ello tiene su razón de ser en dar primacía a su carácter privado, no sólo de su contenido, sino también de su existencia"[241].

2.1 En poder del propio testador

Que el testamento pueda quedar en poder del propio testador, o en el de un tercero, se desprende del tenor del art. 690. Es más, la propia referencia del precepto viene hecha a "la persona que tenga en su poder un testamento ológrafo" que, por definición, no puede ser más que un tercero, dado el absurdo de entenderla hecha también al propio testador. Luego, aunque fuere el testador el que tuviere en su poder

---

239 Ninguna duda cabe, por cuanto a la conservación del testamento se refiere, acerca de las más que notables diferencias entre el testamento ológrafo y el testamento abierto, La circunstancia de que el testamento abierto quede recogido en el protocolo notarial es desde luego un elemento esencial en orden a, de un lado, garantizar la conservación del testamento; de otro, evitar alteraciones o cambios introducidos por terceras personas en el contenido del testamento.

240 Espino Bermell, C: *El testamento,* cit., p. 189.

241 Espino Bermell, C, loc. ult. cit.

el testamento, la referencia del art. 690 se impone entenderla hecha exclusivamente a una persona distinta de aquél, como no podría ser de otro modo.

Si el testador decidiere que el testamento quedare en su poder, lo más lógico es que lo ubique entre sus documentos, o papeles y, dentro de estos, presumiblemente lo incluya en carpetas, sobres, o archivadores, en los que suela guardar aquellos documentos que considere de mayor importancia. Obviamente, un testador meticuloso, ordenado, o diligente en la llevanza de sus propios asuntos, presumiblemente, actuará de un modo diferente a aquél otro en el que no concurran estas cualidades. El nivel cultural del testador podrá tener asimismo algún grado de incidencia al respecto. Y lógicamente un factor de gran importancia a estos efectos vendrá determinado por el lugar en el que se encuentre físicamente el testador. La situación en cuanto a la guarda y custodia de un testamento ológrafo, cuando el testador haya decidido guardarlo y custodiarlo él mismo, se presentará de manera muy diferente en el caso de que el testador viva en su propia casa, que cuando por el contrario lo haga en una residencia o ingresado en un centro hospitalario. Y ello, obviamente, por cuanto el ámbito o marco de la intimidad propia del testador será mayor o menor en función de las antedichas circunstancias. En cualquier caso, la imagen frecuente del cajoncito de la mesita de noche, junto a la cama del testador, y en el que tras su muerte se "descubre" el testamento, quizá sea una escena más cinematográfica que real, por cuanto para un testador medianamente avisado y con intención de que nadie conozca la existencia misma del testamento y su contenido hasta después de su muerte, no parece resulte congruente con tal propósito la utilización de un mueble accesorio carente por completo de un mínimo de seguridad para la guarda del testamento.

Con todo, como se ha apuntado, las circunstancias concretas del caso (por ejemplo, las que tuvieron lugar con ocasión de la pandemia Covid 19), es evidente que podrían dar lugar a que ese propósito de guarda y custodia hallándose el testador en un centro hospitalario, y quizá incluso bajo la amenaza de una muerte inminente, tuviere que adaptarse a tales circunstancias, que no son desde luego las propias de una situación de normalidad.

Se suele afirmar que si el testador decidiere conservar el testamento entre sus papeles, existen riesgos importantes de una actuación fraudulente por parte de alguien que lo encontrase, con potenciales derechos a la herencia y que no se viere favorecida en él[242]. Con todo, la afirmación quizá deba ser matizada en función de cuales sean, en su caso, los medios de guarda adoptados por el testador, y que podrán presentar un nivel de seguridad mayor o menor en función de los medios tecnológicos utilizados (cajas fuertes dotadas de altísima tecnología, que haga prácticamente imposible o muy difícil acceder a su contenido). En tales casos, y presupuesto el acceso y utilización de tales medios, quizá la seguridad del testamento fuere mucho mayor permaneciendo en poder del testador que confiándole la guarda a una tercera persona.

2.2 En poder de un tercero

La opción de que el testador ológrafo decida depositar el testamento y dejarlo en custodia de una tercera persona de su confianza antes de fallecer, quizá pueda ser más frecuente[243]

242 Espino Bermell, C; *El testamento,* cit., p. 190.

243 En cuanto, a la guarda y custodia del ológrafo por parte de un tercero, resulta cuanto menos significativo que los párrafos 1° y 2° del art. 690 CC, parezcan diferenciar de una parte entre "la persona que tenga en su poder un testamento ológrafo", sin más especificaciones, y, de otra, "cualquiera que tenga interés en el testamento como heredero, legatario, albacea o en cualquier otro concepto". ¿Cabría inferir de ello que el legislador estuviere presuponiendo

que la de que sea el propio testador en el que decida tenerlo en su poder, sobre todo cuando éste considere que carece de lugar adecuado para la guarda del testamento, o no se sienta suficientemente seguro respecto a aquellos lugares de los que pueda disponer (vivienda de escasa superficie, mobiliario escaso, cajones o cómodas carentes de cerraduras, etc), escasa confianza en los familiares que tengan acceso a la vivienda o lugar en el que resida. . .En tales supuestos, y en otros muchos que cabría imaginar, optar por depositar el testamento en poder de

---

que, cuando se trata de aquellos "que tienen interés como herederos, legatarios, etc.", éstos no están en posesión del testamento, en tanto que cuando ese interés no concurre, el legislador se refiere simplemente a" la persona" que tiene en su poder el testamento? La interpretación con todo es arriesgada desde una doble perspectiva: por una parte, porque en el caso de que la persona que tuviere en su poder el testamento fuere heredera, legatario, etc., le sería de aplicación el párrafo 1° del citado art. 690. Resultaría arbitrario por tanto excluir de su ámbito de aplicación a aquellas personas que "tengan interés" como herederos, legatarios, y que, además, tengan en su poder el testamento; de otra parte, porque vendría a arrojar una sombra de sospecha sobre esas personas, en cuanto se estaría infiriendo de la existencia de ese "interés" una cierta predisposición en ellas a alterar o modificar en su propio provecho el contenido del testamento que tienen en su poder.
Con todo, hechas las salvedades anteriores, no es irrazonable pensar que tratándose de un testamento ológrafo, el testador quizá pueda sentirse más seguro confiando su guarda y conservación a una tercera persona, de toda su confianza, que a aquellas otras que precisamente por aparecer instituidas en él (en esa fórmula amplísima a la que alude el párrafo 2° del art. 690, y por ser portadoras de un interés, pudieran sentir la tentación de alterarlo precisamente por no estar de acuerdo con sus disposiciones..
Desde esta perspectiva, no parece descabellado pensar que quizá el ológrafo, por sus mismas características, no case demasiado bien con la circunstancia de quedar en poder de personas que vengan instituidas en él.

una tercera persona de plena confianza del testador[244], puede inspirar a éste un mayor grado de tranquilidad por cuanto se refiere a la no desaparición del testamento, ni a una hipotética alteración de aquél. Piénsese que no suele ser infrecuente el caso de personas mayores que confían en grado muchísimo mayor en un amigo que en sus familiares, incluso en aquellos con los que suelan tener una relación más frecuente.

El presupuesto lógico de que el testador decida confiar la guarda y custodia de su testamento a una tercera persona no puede ser otro sino el de que se trate, como se ha dicho, de una persona de su entera confianza. La referencia a la no necesidad de que este tercero sea un heredero o legatario designado en el testamento, no solo resulta obvia sino que incluso cabría pensar en que, presumiblemente, el interés del testador sea precisamente ese (el de que el tercero no aparezca designado ni como heredero, legatario, o beneficiario en cualquier otro modo de alguna atribución patrimonial), y ello por la razón de que tratándose de personas designadas en él, quizá no compartan el alcance o contenido de aquellas disposiciones que les afecten, lo que pudiera ser un incentivo a introducir alteraciones en su favor en el tenor del propio testamento[245].

---

244 Respecto a si esta tercera persona a la que el testador encargue la guarda y custodia del testamento pueda ser un jurista, la respuesta obviamente no puede ser sino afirmativa. Y ello por varias razones: si el presupuesto de ese encargo no es otro sino el de la plena confianza del testador en la persona a la que formula el encargo, es claro que dicha persona podrá ser un jurista; además, tal condición podrá servir incluso de acicate para lo anterior, dado que el jurista (presupuesto que tiene el testamento en su poder podrá examinarlo, en su calidad de tal, de experto en Derecho, y detectar en su caso la existencia de cláusulas contrarias a normas imperativas, de redacción confusa o contradictoria, etc., y advertir oportunamente al testador en orden a la necesidad de su corrección.

245 Relativizando este riesgo con apoyo en la circunstancia de que cualquier tachadura en el texto, enmiendas o palabras entre renglones,

2.3 *¿Pluralidad de personas encargadas de la guarda y conservación del testamento?*

La guarda y custodia del testamento cuando éste no quede en poder del testador, ¿podría confiarse a varias personas? Se opina por algunos que nada impide que sean varios los que lo custodien, si esa fuere la voluntad del testador y éstos aceptaren dicha conservación del testamento[246].

Al margen ya de que quepa imaginar que la cuestión antedicha rarísimamente se presentará en la práctica, parece opinión más segura la de no compartir esa opción de la pluralidad de personas, y ello por la razón de que quizá esa opción por la pluralidad no se avenga bien con el propósito mismo que guía al testador cuando decide confiar su guarda a un tercero. Y es que esa función de guarda, de custodia, y, en general, de reserva y sigilo acerca de la existencia del testamento y de su contenido, parecen presuponer de alguna manera vengan confiadas a una sola persona. Desde esta perspectiva, la referencia en singular del art. 690.1 CC ("La persona que tenga en su poder un testamento ológrafo") parece sea consecuencia de la suma rareza de imaginar en el caso una pluralidad de personas; y asimismo en este sentido la referencia del párrafo 2º ("También podrá presentarlo cualquiera que tenga

---

no salvadas por la firma del testador, supondrán la nulidad de la disposición, con lo que el beneficiario manipulador perdería sus ventajas, DÍAZ ALABART, S: *Prólogo* a este trabajo, pp.22, nota 11.

246 Defendiendo esta posibilidad, ESPINO BERMELL, C: *El testamento,* cit., pp. 193-194. En contra, DÍAZ ALABART, S: *El testamento,* cit., pp. 7-8, nota 3, para quien aquella es difícil de imaginar ya que, aunque sean varios los que tengan conocimiento de la existencia del testamento ológrafo lo usual será que quien lo custodie sea una sola persona. Excepcionalmente, podrían custodiarlo más de una persona, por ejemplo, cuando tal encargo lo haya hecho el testador conjuntamente a un matrimonio.

interés en el testamento, como heredero, legatario, albacea, o en cualquier otro concepto") se hace en singular, lo que parece presuponer que, aunque los mencionados puedan ser más de uno, , sólo uno de ellos lo tendrá en su poder.

2.4 Relación jurídica

Cuando el testador deposita y deja en custodia de un tercero el testamento, ¿ante qué tipo de relación jurídica se está?

La naturaleza de la relación parece exija diferenciar dos fases o momentos temporales: de un lado, el periodo comprendido entre la entrega y recepción del documento por el tercero y el fallecimiento del testador; y de otro, el lapso temporal que va desde el fallecimiento de aquél y la presentación del testamento ante Notario competente.

Es claro que la calificación jurídica no es la misma para una y otra fase. En la primera, se está ante una relación obligatoria existente entre el testador y el tercero; un acuerdo de voluntades entre ambos por el cual el tercero se obliga a la guarda y custodia del documento confeccionado por el testador. Se está pues ante una relación obligatoria de depósito (art. 1758 CC) ; un contrato real (existente "desde que uno recibe la cosa ajena con la obligación de guardarla y restituirla"), y en principio gratuito, normalmente unilateral, es decir, creador de obligaciones principales únicamente para el depositario (custodiar y restituir), pero que se transformará en bilateral cuando a cambio de esas obligaciones el depositante asuma una obligación de pagar una retribución por la actividad que el depositario realiza en su favor (guarda o custodia). En el caso que nos ocupa, no resulta fácil imaginar la bilateralidad funcional del contrato, dado que en principio el pago de la retribución correspondería efectuarla tras la muerte del testador; y no siempre resultará fácil la prueba de la existencia del contrato de depósito; de otra parte, la indudable relación de confianza que constituye presupuesto mismo de la entrega al tercero del documento testamentario, hacen mucho más probable que se esté generalmente ante un depósito gratuito; dada además la circunstancia de que para el depositario el cumplimiento de la prestación de guarda y custodia no conllevará normalmente gastos o desembolsos de importancia.

En cuanto al objeto, el art. 1761 CC establece que sólo pueden ser objeto del depósito las cosas muebles. Ninguna duda cabe en cuanto a la consideración como cosa mueble de un documento privado, como lo es un testamento ológrafo con anterioridad a su protocolización.

Presupuesto, como se ha dicho, que se trate de un depósito gratuito, sólo el depositario asume obligaciones, la de guardar o custodiar la cosa (en el caso, el documento) que se le entrega. En realidad, es difícil trazar líneas diferenciadoras nítidas entre la obligación de guarda o custodia y la de conservación, recayente (s) sobre el tercero depositario del documento. Y es que el cumplimiento diligente de la obligación de guarda conllevará, necesariamente, la custodia y conservación del documento; aunque también cabría diferenciar de alguna manera la guarda en sí como distinta de la custodia; y es que es posible guardar algo, una cosa, algo de naturaleza mobiliaria, que se sustrae al conocimiento ajeno, pero respecto de la que el guardador no establezca medidas adecuadas para la custodia de aquello que guardó (vgr, una cómoda en la que se guarda un documento de importancia, pero que forma parte del mobiliario de una casa a la que pueden acceder, y de hecho, acceden muchas personas; en tal caso cabe decir que el sujeto llevó a cabo la guarda pero ¿cabría afirmar además que custodia el documento?)

No cabe afirmar que la obligación de custodiar, entendido aquí el término "obligación" en sentido técnico, venga recogida legalmente en el art. 690 CC, que contempla y se ocupa exclusivamente de un tiempo posterior ya al fallecimiento del testador. Quiérese decir que, cuando se habla de obligación de custodia (ya se considere esta embebida o no en la obligación de guarda), no cabe hacerlo sino con referencia a la relación obligatoria de depósito a que se ha hecho referencia con anterioridad.

Desde esta perspectiva, la pretendida "obligación de custodia" que según algunos se recoge en el art. 690 no es tal, sino un simple deber jurídico ("deberá") impuesto por el Código a quien tiene el testamento en su poder, y que digamos sólo es operativo tras el fallecimiento del testador[247]. A efectos del CC,

---

[247] Respecto de esta cuestión, se constatan vacilaciones importantes en algunos de los que se han ocupado de ella. Así, ESPINO BERMELL, C: *El testamento,* cit., pp. 190-191. Se ignora la diversidad de planos. Del art. 690 – afirma este autor —. se deduce que quien tiene el testamento ológrafo en su poder tiene no sólo la obligación de su presentación, sino también responsabilidad por la no presentación en evitación de los daños y perjuicios que el paso del tiempo pudiera causar (art. 689 CC). Presupuesto que hubiera obligación en sentido técnico, que no la hay, habría consecuentemente responsabilidad. De otro lado, no todo deber jurídico presupone la existencia de obligación en sentido técnico.
Las vacilaciones aludidas se ponen asimismo de manifiesto: "La responsabilidad dimanante de la no presentación prevista en dicho art. 690 CC sería bien de naturaleza civil derivada del incumplimiento de una relación obligatoria, o bien de un deber impuesto por el CC al depositario del testamento ológrafo, una vez que ha fallecido el testador", loc, cit., p. 191,
A continuación, se pretende de nuevo "conectar" esa pretendida responsabilidad con el art. 690, haciéndola dimanar del mismo: "La responsabilidad de quienes lo tienen en su poder porque se lo ha depositado el testador deviene del propio tenor del art. 690, ya que en estos casos habría entre el testador y la persona que lo tiene en su poder una relación jurídica consentida y buscada por ambos, por lo que la responsabilidad de dicha persona procedería del principio general del art. 1101 CC" loc. ult cit. La inconsecuencia de la argumentación es máxima si se tiene en cuenta que esa

el único deber de custodia jurídicamente relevante es el que nace tras la muerte del testador, y ello por cuanto la existencia, en su caso, de una obligación de guarda y custodia propiamente tal, vendrá dada a su vez por la existencia de un contrato de depósito, circunstancia esta última que queda fuera de la consideración legislativa.

En este sentido cabría decir que cuando se guarda una cosa, se guarda de una vez, en tanto que la custodia conlleva una actividad más prolongada en el tiempo. En el ejemplo anterior de la cómoda, guardo cuando coloco el documento en uno de los cajones de la cómoda, y lo cierro con llave; custodio cuando vigilo o controlo el acceso de terceros a la estancia del inmueble en el que se halla la cómoda en cuyo cajón se guarda el documento.

En lo referido a la conservación, se tratará en la mayoría de los casos de una manifestación de la obligación de custodia. Y es que, si se ha de restituir, no sólo se debe custodiar sino también conservar. La conservación vendría referida así a la necesidad de desplegar la actividad que fuere necesaria para

---

relación jurídica a que se alude en modo alguno viene presupuesta por el legislador.

La aludida "conexión" entre la responsabilidad en lo que a la presentación del ológrafo se refiere y el art. 690 CC, se predica asimismo en el caso de personas que, además de tener en su poder el testamento, tengan interés en la herencia, como en el caso de herederos o legatarios, la responsabilidad de aquellos "dimana igualmente de lo dispuesto en el art. 690, ya que estaríamos ante personas que tienen el testamento porque previamente se lo ha entregado el testador para su conservación, y concurriendo en estas personas la doble cualidad de depositarios y llamados a la herencia, al poderles interesar la dilación en su presentación, hemos de plantearnos si por analogía se les podría aplicar la sanción prevista en el art. 713" loc. cit., p. 192. La respuesta negativa a tal posibilidad de aplicación, con la que obviamente hay que estar de acuerdo, se apoyaría en el párrafo 2º del art. 4 CC.

evitar el deterioro o el perjuicio de la cosa mueble depositada (en el caso, un documento) por cualesquiera circunstancias (por ejemplo, por efecto de la humedad).

3. OTROS SUPUESTOS

Es posible, asimismo, aunque no probable, que la persona que tenga en su poder el testamento no sea aquella a la que el testador se lo hubiere entregado. La relación de confianza que constituye presupuesto mismo de la entrega del testamento por el testador a un tercero quizá induzca a pensar en la previsiblemente escasa frecuencia de tal supuesto, que presupondría a su vez la existencia de una idéntica relación de confianza entre la persona a la que el testador confió el testamento y aquella otra a la que después le venga confiado aquél.

En cualquier caso, ninguna duda cabe en cuanto a que, de darse el supuesto anterior, recaerá igualmente sobre esta persona el deber[248] de presentarlo ante Notario competente, dada la formulación del art. 690 CC, que se refiere sin distinción alguna a "la persona que tenga en su poder un testamento ológrafo".

---

248 El empleo también aquí del término "obligación" para referirse a ese deber de presentación del testamento, resultaría técnicamente inadecuado por las razones a que se ha hecho referencia anteriormente. Obsérvese que la expresión utilizada por el legislador en el art. 690 es "deberá presentarlo". Sobre la cuestión de si se trata de un deber jurídico propiamente tal o de una simple carga, no procede entrar aquí.

4. PERSONA (S) QUE DEBE (N) , Y PERSONA QUE PUEDE (N) PRESENTAR EL TESTAMENTO

Con apoyo en los dos párrafos del art. 690 CC es posible distinguir entre la persona que debe presentar el testamento y aquella que puede presentarlo[249]. La referencia en singular empleada en ambos ("La persona que tenga en su poder" (art. 690.1); "cualquiera que tenga interés" (art. 690.2 CC), inducen una vez más a pensar que la existencia, en su caso, de una pluralidad de personas en la temática que nos ocupa no es la que tiene presente el legislador.

El deber de presentación recae lógicamente, en quien "tenga en su poder" el testamento (art. 690.1CC); "tener en su poder" equivale, pues, a poseer el documento privado en el que ese testamento se contiene. En línea de principio, cualquier situación calificable como posesoria[250] estará en la base de esa situación de poder a que se refiere el precepto, y el objeto, lo poseído, es una cosa mueble (un documento), sobre la cual se proyecta la situación de poder en que la posesión consiste[251].

---

249 Refiriéndose a esta distinción, ESPINO BERMELL, C: *El testamento,* cit., p. 193.

250 La circunstancia de que el legislador en el párrafo 1 del art. 690 no circunscriba la expresión "tener en su poder" a aquellas situaciones calificables como "posesorias", incluyendo asimismo aquellas otras en las que exista, en su caso, tenencia física del documento sin que quepa calificarlas como posesorias en sentido técnico, no cabe hallarla en algunas aportaciones. Así, ESPINO BERMELL, C: *El testamento,* cit., p. 193. El autor parece reducir el "tener en su poder" a situaciones claramente posesorias: "Tienen el documento en su poder porque el testador se lo ha entregado o bien porque ha sido el depositario quien hizo la entrega".

251 Plena aplicabilidad, en su caso, de lo dispuesto en el art. 461 CC: "La posesión de la cosa mueble no se entiende perdida mientras se halle bajo el poder del poseedor, aunque éste ignore accidentalmente su paradero".

Con todo, cabe pensar que con la expresión "tener en su poder" el legislador del Código no esté refiriéndose, exclusivamente, a una situación de poder calificable como posesión en sentido propio, sino también a aquellas otras situaciones de "poder" no estrictamente posesorias, o que no alcancen la cualificación de posesión (vgr, la mera detentación). La importancia misma del testamento, y de la reglamentación de intereses que (presupuesta su validez) en él se contiene, conducen a sostener la equivalencia entre "tener en su poder" y "tenencia física o material"[252] del documento, aunque esa tenencia no fuere posesoria.

Quien no tiene el documento en su poder obviamente no puede presentarlo, al carecer de la tenencia física del mismo, lo que no impide desde luego que pueda tener interés en su presentación a fin de que este surta los efectos que procedan. Sobre este no pesa pues ese deber de presentación, pero sí se le confiere la facultad[253] de hacerlo en protección de una expectativa.

---

252 Con todo, la tenencia del documento y a los efectos que aquí interesan, no parece deba identificarse siempre y en todo caso con una tenencia física o material. Aunque esa tenencia física o material no se dé, es claro que tengo el documento, y en consecuencia, lo tengo en mi poder, cuando aquel se halle sujeto a la acción de mi la voluntad: así guardo el documento en una caja fuerte que tengo en mi segunda residencia, lo tengo en mi poder, por cuanto en cualquier momento en que lo desee podré acudir a ese lugar y tenerlo en mi poder física o materialmente.

253 Hablar de un derecho subjetivo en sentido propio para calificar esa posibilidad de actuación a que se refiere el párrafo segundo del art. 690 no parece adecuado. Se está ante una simple facultad, protectora sí de un interés cuyo concreto alcance dependerá de la validez y contenido del testamento. Protección, pues, de expectativas.

Esa facultad para presentarlo viene conferida por ese párrafo 2º del art. 690 a "cualquiera que tenga interés en el testamento como heredero, legatario, albacea o en cualquier otro concepto". Excluido desde luego que este párrafo 2º se refiera a un heredero, legatario, albacea, o interesado que tenga el testamento en su poder, puesto que, en tal caso, sería de aplicación el párrafo 1º, la referencia del párrafo 2º resulta extraña en alguna medida[254]. Por de pronto, es claro que hay que entenderla hecha a herederos, legatarios, albaceas, etc., meramente hipotéticos, puesto que el que lo sean o no realmente dependerá de la validez y contenido del testamento[255]. Se está, pues, ante simples expectativas jurídicas; expectativas que podrán o no consolidarse en un momento posterior. De otra parte, dado el elevado grado de secretismo[256] que conlleva la figura misma del testamento ológrafo, quizá no sea desde luego frecuente

[254] Cfr nota 227.

[255] Y es que, a diferencia del testamento abierto, en el ológrafo el testador no puede solicitar asesoramiento sobre la manera de dar la forma jurídica más adecuada a sus disposiciones testamentarias, lo que minimiza – como señala DÍAZ ALABART, S: *El testamento,* cit., pp. 9-10, nota 8 — el riesgo de que puedan ser declaradas nulas; el juicio de capacidad del testador emitido por el notario, aunque solamente genere una presunción *iuris tantum* e dicha capacidad, es un importante dato a sumar la presunción general de capacidad testatoria de los mayores de catorce años no incapacitados, el cumplimiento de todos los requisitos de identificación del testador y la solemnidad del otorgamiento elimina cualquier duda sobre la identidad del testador y la voluntad de disponer de sus bienes para después de su muerte. El hecho de que los testamentos abiertos se recojan en el protocolo notarial garantiza su conservación y que ninguna tercera persona pueda modificarlo"

[256] En este sentido, DÍAZ ALABART, S: *El testamento,* cit., p. 9, quien alude a que esta modalidad testamentaria "supone para el testador el pode otorgar este tipo de testamento por sí y ante sí, con absoluto secreto, sin intervención de terceras personas, y en cualquier momento o situación".

que los sujetos aludidos en el art. 690.2° tengan conocimiento del otorgamiento del testamento, de su institución en él como herederos, legatarios, albaceas, etc, de la persona que lo guarda y de donde se guarda[257]. De admitirse lo anterior, ¿Dónde quedaría el absoluto secreto que es propio del ológrafo? ¿Resulta posible conciliar ese "contenido informativo" (otorgamiento, sujetos instituidos en él, persona en cuyo poder se encuentra, lugar donde se guarda, ¡nada menos¡) y seguir hablando de testamento ológrafo? En consecuencia, la referencia del párrafo 2° del art. 690 no puede entenderse hecha a personas que, aun no teniendo el testamento en su poder, tengan tal grado de conocimiento de su contenido, sino a aquellas que por su grado de parentesco con el causante (hijos, nietos), o aun sin él (cónyuge o conviviente de hecho, amigos cercanos)... alberguen expectativas razonables de venir instituidos, sin que quepa excluir que hayan podido tener conocimiento de lo anterior por manifestaciones del propio testador, próximas o remotas en el tiempo. En definitiva, esa expresión "cualquiera que tenga interés", posiblemente deba entenderse más que como un interés efectivamente existente y consolidado, a un simple "interés" probable o presunto, pero que en cualquier caso exige despejar cuanto antes esa situación de incertidumbre.

Cabe decir entonces que la situación de incertidumbre a que se ha hecho referencia sería doble: de un lado, incertidumbre en cuanto a la circunstancia misma de que aquellos que "tengan interés en el testamento como herederos, legatarios, etc.", hayan sido efectivamente mencionados en él (dado que si no tienen en su poder el testamento, no pasarán de meras conjeturas la circunstancia o de su institución)en aquél), de otro, que presupuesto que esas instituciones existan (en

---

257 Lo que para algunos parece norma, tratándose del ológrafo quizá se presente más bien cono excepcional.

cuanto formuladas en el documento), éstas sean validas por no contravenir normas imperativas en materia de sucesión *mortis causa.*

Con las salvedades anteriores, dado que se trata de personas que no tienen el testamento en su poder, que en consecuencia no pueden presentarlo por sí mismas, pero sí tienen conocimiento de la persona que lo guarda, es claro que podrán instar a ésta última para que lo presente en el tiempo y en la forma a que se refiere el párrafo 1° del art. 690 CC. En cualquier caso, parece razonable pensar que, con anterioridad al ejercicio de acciones en orden a la presentación, quizá resulte prudente y aconsejable la consulta del Registro de Últimas Voluntades, a fin de conocer cuál fue el último testamento abierto otorgado[258]. Esta circunstancia sin duda resultará de utilidad en orden a la regulación de la sucesión, así como a la compatibilidad en su caso entre ese último testamento abierto y el ológrafo cuya presentación se solicita.

---

[258] Además, la confección del ológrafo puede conllevar también, si el testador así lo deseare, la confección de un acta notarial que refleje su otorgamiento y depósito ante un Notario, y de la que se tome razón o anote en el Registro de Actos de Última Voluntad, al amparo de los dispuesto en el art. 3 del Anexo II del Reglamento Notarial. En este sentido, LASARTE ÁLVAREZ, C: *Derecho de sucesiones,* cit., p. 63.

Capítulo VII

Sugerencias en orden a la solución de algunos de los inconvenientes del ológrafo

Ya se ha dicho anteriormente que, los inconvenientes del ológrafo quizá sean mayores que las ventajas que proporciona esta forma de otorgar testamento[259]. Pero incluso quienes ponen de relieve sus ventajas, no dudan asimismo en recoger el punto de vista de aquellos que lo consideran "francamente desaconsejable", o que, en todo caso, ponen de relieve los "numerosos inconvenientes" que presenta[260].

---

259 En cuanto a las ventajas, una buena síntesis de las mismas en LASARTE ÁLVAREZ, C,: *"Derecho de sucesiones. "cit, p. 63,* quien justifica su relativa presencia práctica en "las facilidades y ventajas que presenta su redacción para el testador, quien en cualquier momento y lugar (teniendo algo de tiempo, cualquier utensilio de escritura y unas cuantas hojas en blanco", las condiciones óptimas – afirma el autor – para cualquiera de nuestros ancianos condenados en la sociedad actual a vivir en "residencias", alejados de su entorno familiar, "puede expresar su voluntad *mortis causa,* revisando incluso anteriores instrumentos notariales, a los que condenará a la ineficacia por ser anteriores. La forma ológrafa – añade LASARTE ÁLVAREZ, C – garantiza de forma absoluta el secreto de las disposiciones testamentarias y facilita al testador (sobre todo al que llegue a viejo) la posibilidad de reflexionar, pausadamente y en soledad, acerca de su propia vida y de quiénes, cómo y en qué medida deben ser los destinatarios de sus bienes"

260 En este sentido, también LASARTE ÁLVAREZ, C,: "Derecho de Sucesiones", ult cit, quien se refiere al "hecho de que sea redactado sin cumplir los requisitos exigidos por el Código; que si queda en

En mi opinión, los inconvenientes que presenta el ológrafo no lo son todos de la misma naturaleza. De ahí que, tampoco lo sean las posibles soluciones.

La circunstancia de que pueda ser redactado sin cumplir los requisitos exigidos por el Código (firma incluida, como es lógico), me parece uno de sus mayores inconvenientes. Y es que esos requisitos, además de serlo de forma, lo son también de fondo (por ejemplo, respeto a las legítimas, si el testador tuviera legitimarios). No comparto del todo el punto de vista de LASARTE, quien refiriéndose básicamente (así me lo parece) a los requisitos formales, afirma que "tales requisitos no presentan complejidad alguna y pueden ser fácilmente superados por cualquier persona de mediana cultura; con mayor razón, si se encuentra mínimamente aconsejada, aunque no haya visto en su vida el Código civil ni por el forro"[261].

No estoy tan segura de que muchas de esas personas mayores que viven en residencias, o fuera de ellas, en la soledad de sus hogares, conozcan con precisión las reglas formales del ológrafo, concretamente, el artículo 688.

Y lo que pienso de los requisitos de forma, lo pienso también aun más de los requisitos de fondo. ¿De verdad estamos seguros de que la mayoría de esos ancianos a que hecho referencia conocen el sistema de legítimas con una mínima precisión, las particularidades, por ejemplo, de la legítima del cónyuge viudo/a, etc.?

---

posesión del testador, una vez fallecido éste, la pérdida o destrucción del testamento queda en manos de sus sucesores (o, al menos, de aquél de sus sucesores que, si no llega a violar el cierre o el lacre del testamento, se tema que pueda perjudicarle), con lo que la voluntad testamentaria y los desvelos del testador para materializarla habrán resultado ineficaces"

261 LASARTE ÁLVAREZ, C:" Derecho de Sucesiones", ult cit.

Claro es que la única manera de evitar lo anterior sería que el testador contara con un mínimo consejo, previo a su otorgamiento o quizá incluso en el mismo momento de testar, porque cuando se habla de "la soledad" del testador en el ológrafo, y del "secreto" inherente a esta forma de testamento, es obvio que se está haciendo referencia a las circunstancias normales en que se otorga, pero nada impide que el testador permita que alguien (por ejemplo, un buen amigo, abogado en ejercicio, y que le asesore) tenga constancia de que lo ha realizado, e incluso esté junto a él en ese momento, en el tiempo mismo en que el testador lo esté redactando, y que por tanto la existencia de ese testamento, manteniéndose oculta para la casi totalidad de las personas del entorno del testador, sea sin embargo conocida de ese amigo del testador.

Una problemática distinta es la resultante de la facilidad de su destrucción, pérdida o desaparición, al no existir un medio fácil para acreditar su preexistencia. Comparto plenamente la sugerencia de LASARTE, para quien "resulta aconsejable que la redacción del testamento ológrafo se combine con un acta notarial que refleje su otorgamiento y depósito ante un Notario y de la que se tome razón o anote en el Registro de Actos de Última Voluntad. Con ello el testador garantizará el cumplimiento de su voluntad, evitando que sus deudos y familiares puedan ser "señores de horca y cuchillo" respecto de cuanto él dejó por escrito"[262]. En confirmación de este punto de vista, que comparto íntegramente, el autor citado invoca el artículo 3 del Anexo II del Reglamento Notarial (oficialmente "De la organización y régimen del Notariado"), relativo a dicho Registro establece que en él se tomará razón: b) de los testamentos ológrafos, si los otorgantes lo desean y lo hacen constar por medio de acta notarial, en que se expresen

---

262 LASARTE ÁLVAREZ, C: "Derecho de Sucesiones, cit., p. 63.

la fecha y lugar de su otorgamiento y las demás circunstancias personales expresadas en el artículo siguiente"[263].

Pienso que este parecer de LASARTE, que comparto, de seguirse por parte de quienes decidan utilizar esta forma testamentaria, sería un paso de gigante por cuanto se refiere a acreditar la preexistencia del testamento, e introducir una apreciable dosis de seguridad en el mismo, que creo beneficiaria tanto al propio testador (por lo que supondría de garantía al respeto de su voluntad), como asimismo a los designados en el testamento (frente a manipulaciones o comportamientos fraudulentos de quienes, pretendieran hacerse pasar por instituidos en un falso testamento, y del que no existiere razón o anotación el Registro de Actos de Última Voluntad)

Finalmente, quizá deba hacerse alguna referencia a las "relaciones" entre testamento ológrafo y nuevas tecnologías (entendiendo fundamentalmente por estas últimas, procesadores de textos, firma electrónica, etc.). Personalmente, creo que es un grave inconveniente[264] para cualquier figura jurídica, y el testamento ológrafo no es excepción, el "no adaptarse a los tiempos". En la actualidad, la gente no escribe a mano, sino que utiliza un procesador de textos. Alguna menor intensidad presenta (por el momento) la utilización de la firma

---

263 LASARTE ÁLVAREZ, C: "Derecho de Sucesiones", ult cit.

264 Grave inconveniente en cuanto que las posibilidades de "armonización" son mínimas, por no decir inexistentes. "La utilización de cualquier artificio mecánico – afirma GARCÍA CANTERO, G – para escribir el texto nos sitúa fuera de esta modalidad testamentaria. Entiendo igualmente que la firma de quien lo suscribe debe poseer iguales caracteres, siendo también esencial la rúbrica que la personaliza". Igual opinión mantiene este autor respecto del llamado "*testamento ológrafo electrónico*", a su juicio "radicalmente incompatible con la vigente regulación codicial. De regularse *ex novo* el llamado *testamento electrónico*, se estaría ante una nueva modalidad testamentaria, probablemente especial o especialísima", ult cit., p. 1242.

electrónica o la digital, pero no es de suponer que su importancia vaya decayendo en el futuro, sino más bien al revés.

Quizá el ológrafo tuvo su razón de ser a finales del XIX, en un contexto en el que, además de no existir nada semejante a lo que hoy llamamos "nuevas tecnologías", los particulares acudían escasamente a las notarías, máxime cuando se trataba de gentes de escaso poder económico. Entonces, el ológrafo se presentaba como el testamento más barato, al no originar desembolso alguno al testador, pero todo eso tampoco es así en nuestro tiempo. En la actualidad, otorgar un testamento abierto notarial es algo asequible a la inmensa mayoría de las personas[265]. Y siendo asequible y, al mismo tiempo, evitándose con su otorgamiento (ante un profesional cualificado) un gran número de problemas (de fondo, de forma. . .), ¿tiene realmente sentido mantener en el Código una forma de testar cuantitativamente muy escasa, radicalmente "incompatible" con las maneras o modos usuales de escribir, o de firmar, en la actualidad[266], pensada quizá

---

265 Su coste aproximado es prácticamente seguro que está muy por debajo de los cien euros.

266 Con todo, el ológrafo sigue teniendo defensores a ultranza. Así, García Cantero, G: "Puede afirmarse que esta modalidad de testar ha sido asimilada por la sociedad española con normalidad, desbordando claramente el inicial círculo de sus destinatarios al promulgarse el CC; más aún, ha logrado democratizarse en la práctica al resultar fácticamente accesible a todas las clases sociales. Hay suficientes razones para mantenerla en el futuro, incluso reforzado desde 1978 con apoyo constitucional"., "Testamento ológrafo", cit., p. 1241. Al margen de que el título del trabajo del autor no parece concordar demasiado con tan optimistas conclusiones acerca de esta forma testamentaria, no comparto algunas de las afirmaciones de García Cantero: ¿a qué círculo inicial de destinatarios se refiere el autor? Su mayor accesibilidad si parece tiene que ver con los muchísimos mayores niveles de alfabetización, pero tampoco creo que en la época en que el Código se promulgó la clase media

para un contexto social y económico bien diferente del de nuestros días, y escasamente concorde con los niveles de seguridad jurídica que hoy se demandan?[267].

---

española se sirviera mucho del ológrafo, creo preferían acudir al Notario a la hora de otorgar testamento.

[267] Me refiero con esta referencia a la seguridad jurídica, a la circunstancia de que en la actualidad el común sentir social parece exija unos niveles de certidumbre y seguridad en los actos jurídicos, que no creo encajen del todo con una forma testamentaria, en principio, "oculta", "secreta", y que, además, por el propio carácter esencialmente revocatorio del negocio jurídico testamentario, puede dejar sin efecto uno o varios testamentos notariales otorgados con anterioridad. Y todo ello, además, en principio, sin necesidad de constancia o toma de razón preceptiva alguna de ese testamento, como digo, revocatorio de otro u otros notariales otorgados, en su caso, con anterioridad.

Bibliografía consultada

ALBALADEJO GARCÍA, M: *Curso de Derecho Civil. V. Derecho de sucesiones, Librería Bosch,* Barcelona, 1982, pp. 226 y ss.

BLASCO GASCÓ, F. DE P: *Instituciones de Derecho civil. Derecho de sucesiones,* Tirant, Valencia, 2015, pp. el

CÁMARA LAPUENTE, S: "Las distintas formas testamentarias", en AA. VV: *Curso de Derecho Civil (V) Derecho de sucesiones* (Coord. M.A. PÉREZ ÁLVAREZ), MADRID, Cólex, 2013, Reus

CAPILLA RONCERO, F: "Las clases de testamento", en AA. VV: *Derecho de sucesiones* (Coord. F. CAPILLA, A.M. LÓPEZ, E. ROCA, Mª R. VALPUESTA V.L. MONTÉS, Tirant lo Blanch, Valencia, 1992, pp. 129 y ss.

CARRIÓN VIDAL, M.A: "La validez de un testamento ológrafo en el que se dispone de un piso como legado a favor de una determinada persona. Comentario a la STS 682/2014, de 25 de noviembre", en *Actualidad Jurídica Iberoamericana,* núm. 3, agosto 2015, pp. 577-594.

CASTÁN TOBEÑAS, J: *Derecho Civil Español Común y Foral (obra ajustada al programa para las oposiciones a Notarías determinadas), Tomo I (Modos de adquirir la propiedad. Donación. Sucesiones),* Editorial Reus, Madrid, 1931, pp. 157 y ss.

DÍAZ ALABART, S: *El testamento ológrafo de las personas mayores dependientes: problemas y posibles soluciones,* Reus, Madrid, 2018.

DÍEZ PICAZO, L: *Estudios sobre la Jurisprudencia Civil,* Volumen segundo, Tecnos, Madrid, 1966, pp. 612 y ss.

DÍEZ PICAZO, L: "Prólogo" al libro de TORRALBA SORIANO, O.V, EL *modo en el Derecho Civil,* Montecorvo, Madrid, 1967.

ESPINO BERMELL, C: *El testamento ológrafo. La importancia de la escritura y la firma del testador. El cotejo pericial de letras (La prueba caligráfica),* UCO Press, Córdoba, 2916.

GAMBÓN ALIX, G: "Reflexiones sobre la firma", en *Pretor,* enero-febrero 1966, pp. 5 y ss.

GARCÍA CANTERO, G:"Testamento ológrafo: ¿transformarse o morir? En *Actualidad Civil,* número 11, noviembre 2013, pp. 1221 y ss.

GARCÍA MAYO, M: *El testamento ológrafo electrónico (Una Propuesta de lege lata),* Aranzadi, Cizur Menor (Navarra), 2024.

KIPP, T: *Derecho de sucesiones,* Volumen primero, al cuidado de LUÍS PUIG FERRIOL y FERNANDO BADOSA COLL, Barcelona, 1976, pp. 299 y ss.

LACRUZ BERDEJO, J.L y SANCHO REBULLIDA, F, DE A: *Derecho de sucesiones. I. Parte General. Sucesión Voluntaria,* Librería Bosch, Barcelona, 1971, pp. 414 y ss.

LASARTE ÁLVAREZ, C: *Principios de Derecho Civil VII. Derecho de sucesiones.*, undécima edición, Marcial Pons, Madrid, 2016, pp. 62 y ss.

MORETÓN SANZ, M.F: "La firma habitual y usual en los testamentos ológrafos. Cuestiones sobre la firma habitual o de *"mano propia"* como requisito de validez", en *Revista Crítica de Derecho Inmobiliario,* número 727, 2011, pp. 2857 y ss.

OSSORIO MORALES, J: *Manual de Sucesión testada,* Instituto de Estudios Políticos, Madrid, 1957, pp. 140 y ss.

PEÑASCO, R: *El testamento ológrafo otorgado por personas que escriben con la boca o con el pie,* Dykinson, Madrid, 2018.

PUIG BRUTAU, J: *Fundamentos de Derecho Civil, Tomo V, Volumen II. El Testamento. Su otorgamiento y contenido,* Bosch, Barcelona, 1963, pp. 116 y ss.

RIVAS MARTÍNEZ, J.J: *Derecho de Sucesiones. Común y Foral, Volumen I,* Dykinson, Madrid, 1989, pp. 194 y ss.

ROMERO COLOMA, A.M: *El testamento ológrafo: estudio doctrinal y jurisprudencial,* Dijusa, Madrid, 2006, pp. 29 y ss.

ROMERO PAREJA, A: "Testamentos electrónicos", en *Diario La Ley,* 7 abril 2009, versión on line, p. 1

RUÍZ VADILLO, E: "El testamento ológrafo", en *Revista de Derecho Privado,* 1972, pp. 615 y ss.

SAN SEGUNDO MANUEL, T: "El testamento ológrafo. Exigencias de carácter formal. La importancia del medio utilizado como soporte material del testamento ológrafo y su relación con la intención de testar", en *Revista Crítica de Derecho Inmobiliario,* núm. 705, febrero 2008, pp. 411 y ss.

SASTRE Y SANTOS, S: *Estudio del testamento ológrafo,* Segovia, junio 1889, Imprenta de Salvador Rueda, p. 29.

SERRANO ALONSO, E: *Manual de Derecho de Sucesiones,* 2ª edición, revisada y puesta al día por SERRANO GÓMEZ, E, Edisofer, Madrid, 2002, pp. 114 y ss.

TORAL LARA, E: "Presente, pasado y futuro del testamento ológrafo", en AA. VV: *Estudios de Derecho de sucesiones. Liber Amicorum. Teodora.F. Torres García,* (Dir. Andrés Domínguez LUELMO y María Paz García Rubio, coordinación a cargo de Margarita Herrero OVIEDO, La Ley, Madrid, 2014, pp. 1383 y ss.

TORRES GARCÍA, T.F: *El testamento ológrafo,* Madrid, Montecorvo, 1977, pp. 312 y ss.

"Comentario al artículo 688 del Código Civil", en *Comentarios al Código Civil y Compilaciones Forales, dirigidos por Manuel Albaladejo, Tomo IX, Volumen 1º.- Artículos 657 a 693 del Código Civil,* Editorial Revista de Derecho Privado, Madrid, 1990, pp. 387 y ss.

"Comentario al artículo 688 del Código Civil", en AA. VV: *Comentario del Código Civil, Ministerio de Justicia,* Tomo I, Madrid, 1991, p. 1738 (Dir. Ares Rodríguez, P; Díez Picazo, L; Bercovitz Rodríguez Cano, R y Salvador Coderch, P), pp. 1738 y ss.

"Comentario al artículo 688", en AA. VV: *Código Civil Comentado, Volumen II. Libro III. De los diferentes modos de adquirir la propiedad,* (Dir. Cañizares laso, De Pablo Contreras, Orduña Moreno y Valpuesta Fernández, Cívitas-Thomson Reuters, Cizur-Menor (Navarra), 2011, pp. 393 y ss.

"Otras formas testamentarias: el testamento ológrafo en el Código Civil y en el Código Civil de Cataluña", en AA. VV: *Tratado de Derecho de Sucesiones, Tomo I* (Dir. Gete Alonso y Calera, coordinación Solé Regina, J, Cívitas-Thomson –Reuters, Cizur Menor (Navarra), 2011, pp. 449 y ss.

TORRES LANA, J.A: "Forma del negocio y nuevas tecnologías", en *Revista de Derecho Privado,* julio-agosto 2004, pp. 489 y ss.

Jurisprudencia consultada

STS 17 noviembre 1898, en Colección Legislativa, JURISPRUDENCIA CIVIL, t. 85 (3º de 1898) Octubre-diciembre, Madrid, 1898, pp. 341 y ss.

STS 21 noviembre 1916, en JURISPRUDENCIA CIVIL, t. 138 (4º DE 1916), Octubre a diciembre, Madrid, 1919, pp. 556 y ss.

STS 8 junio 1918, JURISPRUDENCIA CIVIL, t. 148 (2º DE 1918), Abril – Junio, Madrid, 1921, pp. 608 y ss.

STS 5 enero 1924, en JURISPRUDENCIA CIVIL, t. 161 (1º DE 1924). Enero –Marzo, Madrid, 1926, pp. 23 y ss.

STS 5 junio 1925, en Colección Legislativa, JURISPRUDENCIA CIVIL, t. 167 (3º de 1925), Junio a Septiembre, Madrid 1927, pp. 66 y ss.

STS 27 abril 1940, RJ/1940/303

STS 8 julio 1940 RJ/1940/689

STS 11 abril 1945, en JURISPRUDENCIA CIVIL, Segunda Serie, t. X, Marzo-Mayo 1945, Instituto Editorial Reus, Madrid 1946, pp. 538 y ss.

STS 4 enero 1952, en JURISPRUDENCIA CIVIL, 1952, t. XXIII, Enero y Febrero, Madrid, 1953, pp. 94 y ss.

STS 11 febrero 1956, RJ/ 1956/1102

STS 30 noviembre 1956, en JURISPRUDENCIA CIVIL, 1956, t. LIII, Noviembre, Madrid, 1957, pp. 1074 y ss.

STS 10 diciembre 1956, RJ/ 1956/ 3860

STS 4 noviembre 1961, RJ/ 1961/ 4436

STS 24 febrero 1961, RJ/1961/ 351

STS 27 Septiembre 1968, en Colección Legislativa, JURISPRUDENCIA CIVIL, 1968, Septiembre-Octubre, Madrid, 1970, pp. 100 y ss.

STS 26 noviembre 1968, RJ/ 1968/ 5542

STS 6 febrero 1969, en JURISPRUDENCIA CIVIL, 1969, Enero-Febrero, Madrid, 1970, pp. 487 y ss.

STS 10 noviembre 1973, en Colección Legislativa, JURISPRUDENCIA CIVIL, 1973, noviembre, Madrid, 1975, pp. 141 y ss.

STS 26 marzo 1986, RJ/ 1986/1471

STS 10 febrero 1994, en Jurisprudencia del Tribunal Supremo, 1994, Primer Semestre, pp. 473 y ss.

STS 12 junio 2002, RJ/ 2002/ 8581

STS 4 noviembre 2009, RJ/ 2009/ 5835

STS 15 abril 2011, RJ/ 2011/ 2313

STS 5 mayo 2011, RJ/ 2012/ 1101

STS 11 octubre 2012, RJ/ 2012/ 9714

STS 25 noviembre 2014, NÚM. 682/2014, comentada por mí en *Actualidad Jurídica Iberoamericana, núm 3,* agosto 2015, pp. 577-594.